ラクにおいしく無水調理！

はじめての「ホットクック」レシピ

エダジュン・夏目陽子・川上文代

ホットクックって何？

ホットクックは、食材の水分を生かした無水調理ができる、自動調理鍋です。
圧力をかけて短時間で煮る圧力鍋ではなく、いま大人気の無水鍋の仲間です。
野菜や肉、魚など、加熱した食材から出る水分を利用して、
うまみや栄養分たっぷりの無水料理を全自動で作れます。

最大15時間の予約調理ができるから、朝セットしてお出かけしたら、
帰宅した時には、味がしみたアツアツのおかずをすぐに食べられます。
火加減や時間をコントロールするのはもちろん、独自の「まぜ技ユニット」が
その料理に最適なタイミングで混ぜてくれるから、味がムラなくしみるのに、
食材が煮崩れたり焦げついたりしません。
しかも、話題の低温調理までカンタンにできるんです。これは革命的！

ホットクックは、シャープ株式会社から2015年に初めて発売されました。
2017年には、無線LANにつなげてメニュー検索やスマホとも連携できる、
おしゃべりするホットクックが新登場。まさに、次世代の調理家電です。

使い方はそれほど難しくありません。目が回るほど忙しい共働きファミリー や、
調理に時間をかけられない人 、火が心配なシニア世代 まで、
「できるだけラクにおいしくヘルシーな食事をしたい」という願いを叶えてくれます。
鮮やかなレッドの外観が印象的ですが、インテリアになじむホワイトも今は大人気。
少し大きいのが難ですが、有能なアシスタントとして必需品になるはずです。

この本では、ホットクックを自由に楽しく使いこなすための裏技 を紹介します。
人気料理研究家による、少ない材料や調味料でおいしく作れる 毎日のおかずや
お店みたいなごちそうを楽しんでください。

目次

1章 ほっとくだけでおいしい 煮物・煮込み

台湾魯肉飯風煮込み（ルーローハン）……12
ブロッコリーとベーコンのマスタードクリーム煮……14
さば缶とあさりのトマトブイヤベース……15
さんまとまいたけのごまみそ煮込み……16
手羽先と丸ごとレタスの花椒煮込み（ホワジャオ）……17
牛肉のプルコギ風煮込み……18
牛すじ肉と大根のチゲ煮……19
押し麦のサムゲタン風煮込み……20
トムヤムクンがゆ……21
カオマンガイ……22
○わかめと水菜のチキンスープ
塩豚肉じゃが……24
あっさり肉豆腐……25
シンプル筑前煮……26
さっぱりぶり大根……27
イタリア風肉だんご煮込み……28
シーフードとカリフラワーのシチュー……29
レンズ豆とソーセージの煮込み……30
カッチャトーラ（鶏の猟師風煮込み）……31
キャベツとひき肉の重ね蒸し……32
サーモンのアクアパッツァ……33

2章 うまみと栄養たっぷりの おかずスープ

和風ミネストローネ……36
ホットビシソワーズ……38
白いんげん豆のポトフ……39
ほうれん草とベーコンのマンハッタンチャウダー……40
塩豚とれんこんのローズマリースープ……42
豚肉のストロガノフスープ……43
無水トマトスープ……44
鶏肉とズッキーニのカマンベールチーズスープ……45
パンプキンレモン麹スープ……46
ベジタブルブロススープ……47
手羽先とかぶのナンプラースープ……48
ガーリックシュリンプコンソメスープ……48
冷凍きのことパプリカの黒酢スープ……50
台湾酸菜白肉風スープ（スヮンツァイバイロー）……51
手羽中とセロリの薬膳カレースープ……52
納豆ユッケジャン風スープ……53
じゃこといんげんの雑穀わさびスープ……54
鶏肉とあおさの梅ほうじ茶スープ……55
スタミナにんにく豚汁……56
鮭と明太子の博多風スープ……57

ホットクックって何？……2
ホットクックが得意なこと……6
この本に登場する主な自動調理メニューでできること……8
この本の決まり……10
無水調理と予約調理のメリット……108
主な材料別さくいん……109

ソースと同時調理の スピードメニュー

ミートソース……94
○じゃがいものニョッキ　ミートソースあえ
○蒸し野菜のみそミートソース添え

3章 カンタン低温調理で肉・魚のごちそう

ローストビーフ……60
ローストポーク……60
チキンハーブハム……62
ラムチョップのハーブソテー……63
鶏の照り焼き……64
棒棒鶏（バンバンジー）……65
ジューシーハンバーグ……66
牛カツ……68
チキンのトマト煮……69
煮豚……70
スペアリブのバルサミコ煮……71
いかのねっとりカルパッチョ……72
ねっとりサーモン……72
たこと里いものやわらか煮……74
鯛と豆腐のしっとり煮……75
サーモンのクリーム煮……76
まぐろの中華ディップ……77
かきのコンフィ……78
砂肝のコンフィ……78
手作りツナ……79

4章 パパッと作れる野菜のシンプルおかず

キャベツとツナのチーズ蒸し……82
キャベツとじゃこのレモン蒸し……82
長いもとセロリの中華炒め……83
ピーマンとちくわのオイスター炒め……83
蒸し野菜のピリ辛ごまだれ……84
バーニャカウダ風蒸し煮……84
きのこのアーリオ・オーリオ……85
長ねぎとほたてのクリーム煮……85
簡単ホットサラダ……86
じゃがベーコンのバター蒸し……86
カポナータ……87
豚しゃぶと白菜のみぞれ煮……88
かぶの柚子こしょう煮……89
かぼちゃのそぼろ煮……89
小松菜とえのきの煮びたし……90
枝豆ひじき煮……90
簡単チリコンカン……91

豆をゆでる……91
◦ツナと豆のサラダ……92
◦豆ときゅうりの和風サラダ……92
◦豆とれんこんのチョップドサラダ……93
◦豆とアボカドのサラダ……94

ホワイトソース……96
◦白身魚のムニエル　ホワイトソースがけ
◦チキングラタン

カレーソース……98
◦豚肉のソテー　カレーソースがけ
◦シーフードカレー

トマトソース……100
◦トマトソースのパスタ
◦オムレツのトマトソース

肉みそ……102
◦肉みそ混ぜごはん
◦肉みそのプリーツレタス包み

香味だれ……104
◦ピータン豆腐
◦油淋鶏（ユーリンチー）

きのこのクリームソース……106
◦きのこのクリームパスタ
◦きのこのシチュー　ポットパイ

ホットクックが得意なこと

1 うまみや栄養分を引き出す

野菜や肉など、加熱した素材から出る水分を利用して、うまみをぎゅっと凝縮！　無水で調理した野菜には、甘みやビタミンC、葉酸などが通常よりたくさん残ります[※1]。塩分や調味料を減らしても味わい深く、栄養分たっぷりでヘルシーです。

無水調理

2 材料を入れるだけ

火加減や加熱時間の調整はもちろん、独自の「まぜ技ユニット」が最適なタイミングで混ぜてくれるので、焦げたり煮崩れたりしません。材料を入れるだけで無水カレーが完成。面倒なホワイトソースだって10分でなめらかに仕上がるから、手のかかる料理も気軽にチャレンジできます。

自動コントロール

※1 詳しくは108ページをご参照ください。 ※2 すべてのメニューが予約調理できるわけではありません。手動調理の場合は予約できません。
※3 HT99AとHT24Bは最大24時間です。 ※4 すべての機種に付いている機能ではありません。 ※5 ラップやクッキングシートを使うメニューもあります。
詳しくは、ホットクックの取扱説明書またはオフィシャルサイトをご覧ください。https://jp.sharp/hotcook/

3 予約調理[※2]できる

食材を入れてセットすれば、側についている必要がありません。お出かけしても、仕事をしてもよし。のんびりと本を読んだり、家族と過ごしたりも思いのまま。食材が腐敗しない温度まで一気に加熱した後、最大15時間[※3]まで適温をキープするから、生の食材も安心して入れられます。

ほったらかし

わがまま OK

4 お好みで設定できる

自動調理メニューにない料理の場合、手動で加熱方法や時間、混ぜる・混ぜないなどを設定できます。途中で開けて味見したり、食材や調味料を追加したりもカンタンです。「煮詰め機能」[※4]つきの機種なら、ふたを開けて好みの濃度に煮汁を調整できるので、ぜひ試してみてください。

5 真空密閉せずに低温調理できる

低温調理は、分厚いお肉はジューシーに生の魚介類はとろけるような食感になると話題です。通常は、専用の低温調理器でお湯を定温に保ち、ポリ袋に入れて真空密閉した食材を湯せんする必要があります。ホットクックなら、食材を入れるだけ[※5]で、プロみたいな低温調理のごちそうを作れます！

手間いらず

この本に登場する主な自動調理メニューでできること

無水調理できる→無　予約調理できる→予

加熱と動作のイメージ	HW16D/HW16E	HW24C/HW24E
適度に混ぜながら煮る	肉じゃが 無 筑前煮 無 予 野菜スープ 予 具だくさんみそ汁 予	肉じゃが 無 筑前煮 無 野菜スープ 予 具だくさんみそ汁 予
混ぜながら煮て、最後に煮詰める	ひじきの煮物 無 きのこの佃煮 無	ひじきの煮物 無 きのこの佃煮 無
軽く混ぜながらソースを作る	チリコンカン 無 予 ミートソース 無 予 肉みそ 無	チリコンカン 無 予 ミートソース 無 予 肉みそ 無
しっかり混ぜながらソースを作る	ホワイトソース	ホワイトソース
混ぜずに最適な温度で煮る	かぼちゃの煮物 無 予 白菜と豚バラの重ね煮 無 アクアパッツァ 無 ぶり大根 予	かぼちゃの煮物 無 予 白菜と豚バラの重ね煮 無 アクアパッツァ 無 ぶり大根 予
混ぜずにしっかり煮る	ポトフ 予 牛すじの煮こみ 無 予	ポトフ 予 牛すじの煮こみ 無 予
骨までやわらかくなるくらい煮る	さんまの骨までやわらか煮 無 予	さんまの骨までやわらか煮 無 予
強い火力で混ぜながら手早く炒める	白菜のクリーム煮 無 パプリカとズッキーニのあえ物 無	白菜のクリーム煮 無 パプリカとズッキーニのあえ物 無
適度に混ぜてポタージュを作る	じゃがいものポタージュ 予 かぼちゃのポタージュ 予	じゃがいものポタージュ 予 かぼちゃのポタージュ 予
牛乳やクリームを後から加えて煮込む	クリームシチュー 予	クリームシチュー 予
無水でカレーを作る	チキンと野菜のカレー 無 予	チキンと野菜のカレー 無 予
適度な火力でしっかり煮込む	ブイヤベース 無	ブイヤベース 無

自動調理メニューのキーは、加熱方法や時間、混ぜ方などが、その料理に最適なバランスで設定されています。
でも、付属のメニュー集に記載されていないメニューを作りたい時、どのキーを選べばいいのか迷いますよね？
そこで、この本に登場する主な自動調理メニューで、大まかにどんなことができるのか一覧表にしてみました。
ただし、シャープ㈱監修のレシピを前提としているので、それ以外のレシピでは仕上がりが異なることもあります。
あれこれ試してみながら、とても便利な自動調理メニューを使いこなしましょう！

※無水調理、予約調理の可否は、オフィシャルサイト「ヘルシオホットクックレシピ」に準拠しています。　※無水メニューは、少量の調味料や水を加える場合を含みます。
※手動設定の時間は、内部が沸騰温度に達してから加熱する時間なので、実際の調理時間は設定よりも長くかかります。

HT99B/HT24B/HT16E	HT99A
自動_煮物_2-1 無	自動_煮物_1-1 無
自動_煮物_2-1 無 予	自動_煮物_1-1 無
自動_カレー・スープ_1-5 予	手動_煮物_1-1（まぜる）20分
自動_カレー・スープ_1-5 予	手動_煮物_1-1（まぜる）20分
自動_煮物_2-16 無	自動_煮物_1-3 無
自動_煮物_2-17 無	自動_煮物_1-12 無
自動_煮物_2-9 無 予	自動_煮物_1-19 無 予
自動_煮物_2-9 無 予	自動_煮物_1-19 無 予
自動_煮物_2-19 無	自動_煮物_1-21 無
自動_お菓子7-5	自動_お菓子6-6
自動_煮物_2-3 無 予	自動_煮物_1-2 無 予
自動_煮物_2-4 無	自動_煮物_1-6 無
自動_煮物_2-10 無	自動_煮物_1-9 無
自動_煮物2-11 予	自動_煮物_1-10
自動_煮物_2-12 予	自動_煮物_1-4 予
自動_煮物_2-6 無 予	自動_煮物_1-7 無 予
自動_煮物2-20 無 予	自動_煮物1-11 無 予
自動_煮物_2-14 無	自動_煮物_1-20 無
自動_煮物_2-15 無	手動_煮物_1-1（まぜる）3分 無
自動_カレー・スープ 1-6 予	自動_野菜ゆで 3-4_終了後_煮物1-21_ 延長2分
自動_カレー・スープ 1-6 予	自動_野菜ゆで 3-4_終了後_煮物1-21_ 延長2分
自動_カレー・スープ 1-2 予	自動_煮物1-15_ 延長3分 予
自動_カレー・スープ 1-1 無 予	自動_煮物1-14 無 予
自動_カレー・スープ1-10 無	自動_煮物1-18 無

この本の決まり

メニュー操作

この本のレシピやキー操作はKN-HW16Eに基づきますが、すべてのホットクックで作れます※1。
基本のメニューは、「牛すじの煮込み」など具体的な「メニュー名」でキーを設定するすべての
機種に共通します※2。初期画面から、下記のような手順でキーを操作してください。

上記以外の「数字」でキーを設定する機種は、KN-HT24B： HT24B 、KN- HT99B / KN-
HT16E： HT99B / HT16E 、KN-HT99A※4： HT99A と記載しているので、該当機種の
手順に従って操作してください。

手動で作る場合※3

「手動で作る」 ▷ 「スープを作る」 ▷
「まぜない」 ▷ 「10分」の順番に設定
して、スタートキーを押す。

自動調理メニューで作る場合

「メニューを選ぶ」 ▷
「カテゴリーで探す」 ▷ 「煮物」 ▷
「肉」 ▷ 「牛すじの煮こみ」の順番に
設定して、スタートキーを押す。

作り方と材料

◎食材を洗う、野菜の皮をむく、ヘタや種を除くなど、基本的な下ごしらえは省いています。
適宜おこなってください。

◎計量単位は小さじ1＝5㎖、大さじ1＝15㎖、カップ1＝200㎖です。

◎調味料は特に指定がない場合は、しょうゆは濃口しょうゆ、砂糖は上白糖、小麦粉は薄力粉、
酒は日本酒、こしょうは黒こしょうをひいて使っています。オリーブ油はエクストラバージン
オリーブ油を使っています。

◎だし汁は、特に指定がない場合は、昆布とかつお節でとったものです。

※1 容量や温度・時間設定、気候の違いなどで、機種により仕上がりが多少異なります。 ※2 KN-HW16D、KN-HW24E、KN-HW24CはKN-HW16Eと同じメニュー操作をしますが、煮詰め機能など、一部の機種にない機能もあります。 ※3 手動設定の時間は、内部が沸騰温度に達してから加熱する時間なので、実際の調理時間は設定よりも長くかかります。 ※4 KN-HT99Aは手動_発酵_温度での設定が1時間単位なので、1時間以内で低温調理する場合は途中で食材を取り出します。
詳しくは、ホットクックの取扱説明書またはオフィシャルサイトをご覧ください。https://jp.sharp/hotcook/

1章

ほっとくだけでおいしい
煮物・煮込み

ほっとする和食、いま注目の台湾料理、
おもてなしにも使えるイタリア風煮込みなど、
いろいろな煮物がホットクックを使えばラクラク!
素材の水分を活用する無水調理から、
少ない食材や調味料で作れる定番メニューまで、
手間いらずのおいしいレシピを紹介します。

料理／エダジュン、夏目陽子

台湾魯肉飯風煮込み

ルーローハン

豚肉を甘辛く煮た人気の台湾料理も、ホットクックで作れます。
豚肉は下ゆでして、脂を抜いてから煮込むとおいしい!
干ししいたけは水で戻さず、煮卵も同時にできるからラクチンです。

材料[2人分]

豚バラ肉（塊、2cm厚さに切る）……300g
干ししいたけ（軽く洗う）……2個
卵（よく洗い、1個ずつアルミホイルで包む）
　　……2個
にんにく（つぶす）……2かけ分
八角……1個
A　水……1カップ
　　酒……大さじ3
　　しょうゆ……大さじ2
　　オイスターソース……大さじ1
　　砂糖……大さじ½
ごはん（温かいもの）……適量

作り方

① 内鍋に豚肉と水5カップ（分量外）を入れ(a)、
本体にセットする。

手動 ▷ スープを作る ▷ まぜない ▷ 30分
HT24B　手動 ▷ カレー・スープ1-2（まぜない）▷ 30分
HT99B / HT16E　手動 ▷ カレー・スープ1-2（まぜない）▷ 30分
HT99A　手動 ▷ 煮物1-2（まぜない）▷ 30分

② 豚肉を取り出し、洗って脂やアクを落とす(b)。
③ 内鍋を軽く洗い、❷を戻し入れ、
残りの材料とAを加えて(c)、本体にセットする。

メニュー ▷ カテゴリー ▷ スープ ▷ ポトフ
HT24B　自動 ▷ カレー・スープ1-9
HT99B / HT16E　自動 ▷ カレー・スープ1-9
HT99A　自動 ▷ 煮物1-4

④ 卵はアルミホイルを除いて殻をむき、半分に切る。
しいたけは軸を除いて、食べやすい大きさに切る。

⑤ 器にごはんを盛り、具をのせて煮汁をかける。

香りづけは八角で

台湾風の独特の香りをつけるのは、
スターアニスとも呼ばれるスパイスで。

（写真左から）ゆで卵、生卵（アルミホイル包み）、
生卵をそのまま内鍋に入れて煮たもの。

ゆで卵から煮ると、味はしみるがややパサつき、
アルミホイルで包んだ生卵は、味はつきにくいが
しっとり煮上がります。衛生面で気にならなければ、
アルミホイルで包む必要はありません。

煮卵はお好みの方法で

殻をむいて、ゆで卵をしばらく ☞
煮汁につけておくと味がしみる

ブロッコリーとベーコンの
マスタードクリーム煮

ベーコンの塩気でブロッコリーの甘みが引き立ちます。トマトピューレや粒マスタードの
酸味が隠し味に。具材に粉をまぶしてから煮ると、なめらかに仕上がります。

材料〔2人分〕

ブロッコリー（小房に分ける）……1個分（200g）
ベーコン（塊、5mm角の棒状に切る）……100g
玉ねぎ（縦薄切り）……½個分（100g）
ゆで大豆（缶詰、水気をきる）……50g
小麦粉……大さじ1
A ┌ 牛乳……1½カップ
　│ トマトピューレ……大さじ4
　│ 粒マスタード……大さじ1½
　│ マヨネーズ……大さじ2
　└ 洋風スープの素（顆粒）……小さじ1

作り方

① まぜ技ユニットを本体にセットする。
② ポリ袋にブロッコリーとベーコン、玉ねぎを入れ、小麦粉を加えて袋をふり、まんべんなくまぶす。
③ 内鍋に❷、ゆで大豆、Aを入れ、本体にセットする。

メニュー ▷ カテゴリー ▷ 煮物
▷ 野菜 ▷ 白菜のクリーム煮

HT24B	自動 ▷ 煮物2-14
HT99B / HT16E	自動 ▷ 煮物2-14
HT99A	自動 ▷ 煮物2-14 ▷ 3分

さば缶とあさりのトマトブイヤベース

みそ味のさば缶にトマト?と思うかもしれませんが、みそ味がトマトの酸味をマイルドにして
相性抜群です。うまみたっぷりの煮汁に、パンをつけて食べると美味。

材料 [2人分]

さば缶（みそ味）……1缶（200g）
あさり（砂抜き済み、殻をこすり合わせて洗う）……150g
セロリ（斜め切り）……½本分（50g）
トマトの水煮缶（カットタイプ）……1缶（400g）
白ワイン……½カップ
ローリエ……1枚
塩、こしょう……各少々
バター……大さじ1弱（10g）

作り方

① 内鍋にすべての材料を入れ、本体にセットする。

メニュー ▷ カテゴリー ▷ スープ ▷ ブイヤベース

HT24B 自動 ▷ カレー・スープ1-10
HT99B / HT16E 自動 ▷ カレー・スープ1-10
HT99A 自動 ▷ 煮物1-18

さんまとまいたけのごまみそ煮込み

ごまの風味がきいたコックリとした煮魚。うまみを吸ったまいたけも、たまらないおいしさに。
さんまは、くっつかないよう少し間を空けて内鍋に並べましょう。

材料［2人分］

さんま（頭、尾を落とし、4cm長さに切って
　　内臓を除いて洗い、水気をふく）……2尾分
まいたけ（ほぐす）……1パック分（100g）
しょうが（皮つきで薄切り）……2かけ分
A │ 酒……½カップ
　 │ すり白ごま……大さじ3
　 │ みそ……小さじ2
　 │ しょうゆ……小さじ1

作り方

① 内鍋にさんまを重ならないように並べ(a)、その上にまいたけ、
　 しょうがを並べて混ぜたAを加え、本体にセットする。

メニュー ▷ カテゴリー ▷ 煮物
▷ 魚介 ▷ さんまの骨までやわらか煮

HT24B	自動 ▷ 煮物2-20
HT99B / HT16E	自動 ▷ 煮物2-20
HT99A	自動 ▷ 煮物1-11

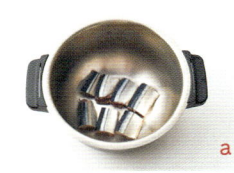

a

手羽先と丸ごとレタスの花椒煮込み

骨つき肉からだしが出て、うまみたっぷりの煮込みに。
ピリリと辛い、中国の山椒 “花椒” がアクセント。レタスは丸ごと使っても、ぺろりと食べられます。

材料〔2〜3人分〕

鶏手羽先（骨に沿ってフォークで数か所刺す）……6本
レタス（6cm大に手でちぎる）……1個分（300g）
れんこん（薄輪切り）……½本分（100g）
味つきザーサイ（粗みじん切り）……20g
A ┌ 水……1½カップ
　│ にんにく（すりおろす）……1かけ分
　│ しょうが（すりおろす）……1かけ分
　│ 花椒（ポリ袋に入れてめん棒でたたく）……小さじ2
　│ しょうゆ……大さじ1
　│ オイスターソース……小さじ2
　└ 豆板醤……小さじ½

作り方

① 内鍋にレタスを入れ、残りの材料、**A**を加え、
本体にセットする。

手動 ▷ スープを作る ▷ まぜない ▷ 30分

HT24B	手動 ▷ カレー・スープ1-2（まぜない）> 30分
HT99B / HT16E	手動 ▷ カレー・スープ1-2（まぜない）▷ 30分
HT99A	手動 ▷ 煮物1-2（まぜない）▷ 30分

花椒の辛みがアクセント

花椒は麻婆豆腐に使われる中国のスパイス。
刺激的な辛みとさわやかな香りがある。
つぶしてから使うと、香りが引き立つ。

牛肉のプルコギ風煮込み

ホットクックを使うと牛肉と野菜にしっかり味がしみるから、韓国料理のプルコギが手間なく作れます。
香りの決め手はにらとごま油で、白いごはんが進みます。

材料［2人分］

牛切り落とし肉……150g
にんじん（4cm長さ、1cm幅に薄切り）
　　……大½本分（100g）
にら（4cm長さに切る）……½束分（50g）
生しいたけ（軸を除いて薄切り）……2個分
A ┌ しょうが（すりおろす）……1かけ分
　├ 酒……大さじ4
　├ しょうゆ……大さじ2
　├ 砂糖……大さじ½
　└ ごま油……大さじ1

作り方

① まぜ技ユニットを本体にセットする。
② 内鍋に野菜、牛肉の順に入れ、**A**を加え、本体にセットする。

メニュー ▷ カテゴリー ▷ 煮物 ▷ 肉 ▷ 回鍋肉
HT24B 自動 ▷ 煮物2-13
HT99B / HT16E 自動 ▷ 煮物2-13
HT99A 自動 ▷ 煮物1-20

牛すじ肉と大根のチゲ煮

お肌にいいコラーゲンたっぷりの牛すじ肉。ホットクックで下ゆでしたら、
食べやすい大きさに切って大根とキムチで煮込むだけ。ごはんにもお酒にも合います。

材料［2人分］

牛すじ肉……300g
大根（1cm厚さのいちょう切り）……3cm分（100g）
白菜キムチ……100g
A ┤ 水……4カップ
  │ しょうが（皮つきで薄切り）……1かけ分
  │ 長ねぎの青い部分……1本分
B ┤ 酒……大さじ3
  │ しょうゆ……大さじ1

a　　　　　b

作り方

① まぜ技ユニットを本体にセットする。
② 内鍋に牛すじ肉、Aを入れ(a)、本体にセットする。

手動 ▷ スープを作る ▷ まぜない ▷ 10分

HT24B 手動 ▷ カレー・スープ1-2（まぜない）▷ 10分
HT99B / HT16E 手動 ▷ カレー・スープ1-2（まぜない）▷ 10分
HT99A 手動 ▷ 煮物1-2（まぜない）▷ 10分

③ 牛すじ肉を取り出し、洗って脂やアクを落とす。
水けをふいて食べやすい大きさに切る(b)。
④ 内鍋を軽く洗い、❸、大根、白菜キムチ、Bを入れて軽く混ぜ、
本体にセットする。

メニュー ▷ カテゴリー ▷ 煮物 ▷ 肉
▷ 牛すじの煮こみ

HT24B 自動 ▷ 煮物2-6
HT99B / HT16E 自動 ▷ 煮物2-6
HT99A 自動 ▷ 煮物1-7

押し麦のサムゲタン風煮込み

丸鶏を使う韓国料理を手羽元でアレンジ。香味野菜をたっぷり入れて煮込みます。
シンプルな塩味に、プチプチとした歯ごたえの押し麦がアクセントに。

材料［2人分］

鶏手羽元……6本
干し貝柱……1個
押し麦……20g
にんにく（薄切り）……1かけ分
しょうが（薄切り）……1かけ分
長ねぎ（みじん切り）……½本分（50g）
水……2カップ
塩……小さじ½
こしょう……少々
ごま油……小さじ1

作り方

① 内鍋にすべての材料を入れ、本体にセットする。

手動 ▷ 煮物を作る ▷ まぜない ▷ 60分			
HT24B	手動 ▷ 煮物2-2（まぜない） ▷ 60分		
HT99B / HT16E	手動 ▷ 煮物2-2（まぜない） ▷ 60分		
HT99A	手動 ▷ 煮物1-2（まぜない） ▷ 60分		

② 器に盛り、粗びき黒こしょう少々（分量外）をふる。

押し麦で歯ごたえアップ

大麦の外皮を除き、蒸気でやわらくして平たくした押し麦。プチプチとした歯ごたえになる。

トムヤムクンがゆ

ホットクックならおかゆも簡単！　タイの甘くて、酸っぱくて辛い、えびスープ味のおかゆに
仕上げました。食べやすいようにむきえびは刻んで加えて、うまみをプラスします。

材料〔2人分〕

米（洗ってザルに上げて水気をきる）……60g

むきえび（背ワタを除いて粗く刻む）……50g

A｜水……2½カップ

　｜トムヤムクンペースト……大さじ1

　｜ナンプラー……大さじ½

　｜鶏ガラスープの素……小さじ1

香　菜（みじん切り）……適量
（シャンツァイ）

作り方

① 内鍋に米、むきえび、よく混ぜたAを入れ、
本体にセットする。

メニュー ▷ カテゴリー ▷ 煮物 ▷ 米 ▷ おかゆ

HT24B	自動 ▷ 煮物2-22	
HT99B / HT16E	手動 ▷ 自動 ▷ 煮物2-22	
HT99A	自動 ▷ 煮物1-22	

② 器に盛り、香菜を散らす。

味を決める
トムヤムクン
ペースト

独特のスパイスやハーブが入った調味料。
スーパーのエスニック食品売り場や
ネット販売で購入できる。

カオマンガイ

カオマンガイはゆで鶏を使ったごはんのことで、タイの呼び方。シンガポールでは
「海南鶏飯（ハイナンジーファン）」、ベトナムでは「コムガー」とも。うまみたっぷりのゆで汁はスープに使って。

材料［2人分］

鶏もも肉……2枚（500g）

A｜しょうが（すりおろす）……1かけ分
　｜にんにく（すりおろす）……1かけ分
　｜塩……小さじ1

B｜水……2カップ
　｜酒……大さじ2
　｜ナンプラー……小さじ2

ごはん（温かいもの）……適量
香菜（シャンツァイ）（ざく切り）……適量
チリソース……適宜

作り方

① 鶏肉は肉側に切り込みを数本入れて筋を切る(a)。
　 ポリ袋にAとともに入れ、しっかりともみ込み(b)、
　 冷蔵庫に1時間以上おく。

② 内鍋に❶、Bを入れ、本体にセットする。

手動 ▷ 煮物を作る ▷ まぜない ▷ 30分		
HT24B	手動 ▷ 煮物2-2（まぜない）▷ 30分	
HT99B / HT16E	手動 ▷ 煮物2-2（まぜない）▷ 30分	
HT99A	手動 ▷ 煮物1-2（まぜない）▷ 30分	

③ 鶏肉は取り出して食べやすく切る。
　 ごはんとともに器に盛り、香菜を添える。
　 好みでチリソースをかけてもよい。

 a
 b

ゆで汁は
スープに！

わかめと水菜のチキンスープ

材料［2人分］と作り方

① 器にわかめ（乾燥）小さじ1、3cm長さに切った
　 水菜（香菜やディルなどでも）適量を等分に入れ、
　 熱々のカオマンガイのゆで汁全量を注ぐ。

豚肉は塩と酒をもみ込む

塩豚肉じゃが

豚肉に塩で下味をつけて、おなじみの肉じゃがをあっさりと仕上げました。
しょうゆ控えめなので、じゃがいもの甘みや豚肉のうまみをしっかり味わえます。

材料［3〜4人分］

豚こま切れ肉……170g

じゃがいも（皮をむいて4等分）……3個分（450g）

玉ねぎ（くし形切り）…大½個分（150g）

さやいんげん（3等分に切る）……10本分

A ┊ 塩……小さじ½
　 ┊ 酒……小さじ1

B ┊ 水……½カップ弱
　 ┊ 酒……大さじ2
　 ┊ 砂糖（あればきび砂糖）……大さじ2
　 ┊ しょうゆ……大さじ1

作り方

① 豚肉にAをもみ込み、15分おく。

② まぜ技ユニットを本体にセットする。

③ 内鍋にB、❶の豚肉をほぐしながら入れ、
　 野菜を加えて本体にセットする。

メニュー ▷ カテゴリー ▷ 煮物 ▷ 肉 ▷ 肉じゃが

HT24B	自動 ▷ 煮物2-1 ▷ 30分
HT99B / HT16E	自動 ▷ 煮物2-1 ▷ 30分
HT99A	自動 ▷ 煮物1-1 ▷ 30分

あっさり肉豆腐

ホットクックなら豆腐は味がしみているのに、煮崩れることなくふっくらと煮上がります。
牛肉のうまみが引き立つように、甘みをおさえました。

材料［2人分］

木綿豆腐……⅔丁(200g)
牛切り落とし肉……150g
長ねぎ(3cmに切る)……1本分(100g)
A｛
　だし汁……½カップ
　酒……大さじ2
　砂糖(あればきび砂糖)……大さじ1½
　しょうゆ……大さじ1
七味唐辛子……適宜

作り方

① 豆腐はペーパータオルに包み、重しに皿などを
　のせて5〜10分おいて水きりをして、4等分に切る。

② 内鍋にA、❶の豆腐、牛肉、長ねぎを入れて
　本体にセットする。

> **手動 ▷ 煮物を作る ▷ まぜない ▷ 20分**
>
> **HT24B** 手動 ▷ 煮物2-2(まぜない) ▷ 20分
> **HT99B / HT16E** 手動 ▷ 煮物2-2(まぜない) ▷ 20分
> **HT99A** 手動 ▷ 煮物1-2(まぜない) ▷ 20分

③ 器に盛り、好みで七味唐辛子少々をふる。

シンプル筑前煮

鶏肉はやわらかく、れんこんはシャキッとした歯ごたえが残ります。
根菜に鶏肉のうまみがじんわりしみて、シンプルな材料でも食べごたえのある煮物に。

材料［2人分］

鶏もも肉（余分な脂を除いて一口大に切る）
　　……½枚分（150g）
れんこん（乱切り）……1節分（150g）
にんじん（乱切り）……大½本分（100g）
干ししいたけ……2個
水……⅔カップ
A { しょうゆ……大さじ1½
　 酒……大さじ1
　 砂糖（あればきび砂糖）……大さじ1

作り方

① 干ししいたけは分量の水で戻し、軽く絞って軸を除き、
　 4等分に切る。戻し汁½カップはとりおく。
② まぜ技ユニットを本体にセットする。
③ 内鍋にA、❶のしいたけの戻し汁、鶏肉、野菜、
　 干ししいたけを入れて本体にセットする。

メニュー ▷ カテゴリー ▷ 煮物 ▷ 野菜 ▷ 筑前煮

HT24B 自動 ▷ 煮物2-2
HT99B / HT16E 自動 ▷ 煮物2-2
HT99A 自動 ▷ 煮物1-1

さっぱりぶり大根

ぶりは切り身を使い、熱湯をかけてから煮るのがコツ。
ホットクックは少ない調味料でも味がつき、面取りなしでも大根が煮崩れません。

材料〔2人分〕

ぶり……2〜3切れ（200g）
大根（2cm厚さのいちょう切り）……300g
しょうが（薄切り）……1かけ分
A だし汁……1カップ
　 酒……¼カップ
　 しょうゆ……大さじ1½
　 砂糖（あればきび砂糖）……大さじ1½

作り方

① ぶりは1切れを2等分に切り、
　 塩少々（分量外）をふって15分おく。
　 熱湯をまわしかけて流水で洗い、水気をふく。

② 内鍋にA、❶、大根、しょうがを入れ、本体にセットする。

メニュー ▷ カテゴリー ▷ 煮物 ▷ 魚介 ▷ ぶり大根

HT24B 自動 ▷ 煮物2-11
HT99B / HT16E 自動 ▷ 煮物2-11
HT99A 自動 ▷ 煮物1-10

ぶりは熱湯をかける

クセのあるぶりは塩をふっておき、
熱湯をまわしかけてから煮ると、
臭みが抜けてすっきりした味に煮上がる。

イタリア風肉だんご煮込み

肉だんごと野菜の煮込み。やわらかい肉だんごは、焼いて表面を固めてから煮込んで
ふわふわの口当たりに仕上げます。最後に煮詰めて、汁気を飛ばすとよりおいしく!

材料［2人分］

A
- 豚ひき肉……150g
- 塩……小さじ¼
- こしょう……少々
- パン粉（牛乳大さじ1と混ぜる）…大さじ3
- 溶き卵……大さじ2

ズッキーニ（2cm厚さの半月切り）…½本分（120g）
じゃがいも（6等分のくし形切り）…小1個分（120g）
玉ねぎ（みじん切り）……¼個分（50g）
トマトの水煮缶（ホールタイプ、つぶす）
　…¼缶分（100g）
にんにく（つぶす）……2かけ分
ローリエ……1枚
白ワイン……大さじ2
塩……ひとつまみ
オリーブ油……大さじ1

作り方

① Aをよく練り混ぜ、4等分して丸め、平たく形を整える。

② フライパンにオリーブ油少々（分量外）を熱し、
　❶の両面を焼いて取り出す。
　続けて、じゃがいももこんがり焼く。

③ 内鍋に❷以外のすべての材料を入れて軽く混ぜ、
　❷の肉だんご、じゃがいもの順にのせる。

手動 ▷ 煮物を作る ▷ まぜない ▷ 20分
HT24B　手動 ▷ 煮物2-2（まぜない）▷ 20分
HT99B / HT16E　手動 ▷ 煮物2-2（まぜない）▷ 20分
HT99A　手動 ▷ 煮物1-2（まぜない）▷ 20分

④ お好みで、3分ほど煮詰める
　（煮詰めスタート後、ふたを開ける）。

⑤ 器に盛り、粗びき黒こしょう
　少々（分量外）をふる。

表面を焼いて固めてて

肉だんごはオリーブ油で
焼きつけておけば、
外はカリッと香ばしく、
中はふんわり仕上がります。

シーフードとカリフラワーのシチュー

カリフラワーの甘みで、ほっとするやさしい味わいのシチュー。
シーフードミックスはえびやいか、あさりなど、好みの組み合わせで。

材料 [2〜3人分]

シーフードミックス（冷凍）…150g
カリフラワー（小房に分けて2〜3等分に切る）……½個弱分（200g）
しめじ（根元を落とし、ほぐす）…1パック分（100g）
玉ねぎ（みじん切りにして小麦粉大さじ2をまぶす）……½個分（100g）
ローリエ……1枚
牛乳……1カップ
水……½カップ
塩……小さじ½
鶏ガラスープの素……小さじ½
オリーブ油……大さじ1
バター……大さじ1強（15g）

作り方

① まぜ技ユニットを本体にセットする。
② 内鍋にオリーブ油、バター、そのほかのすべての
材料を順に入れ、本体にセットする。

メニュー ▷ カテゴリー ▷ スープ ▷ クラムチャウダー		
HT24B	自動 ▷ カレー・スープ1-7	
HT99B / HT16E	自動 ▷ カレー・スープ1-7	
HT99A	手動 ▷ 煮物1-1（まぜる）▷ 6分	

③ 器に盛り、こしょう少々（分量外）をふる。

レンズ豆とソーセージの煮込み

手間いらずのレンズ豆とソーセージを使った、シンプルな煮込みです。
うまみを吸った豆はほくっとした口当たり。ボリュームがあり、朝食にもおすすめ。

材料 [2〜3人分]

レンズ豆（皮つき）……50g
ウインナーソーセージ（斜め半分に切る）……6本分
玉ねぎ（粗みじん切り）……大½個分（150g）
しめじ（根元を落とし、ほぐす）……1パック分（100g）
にんにく（みじん切り）……1かけ分
ローリエ……1枚
水……2カップ
塩……小さじ½
こしょう……適量
オリーブ油……大さじ1

作り方

① まぜ技ユニットを本体にセットする。

② 内鍋にすべての材料を入れ、本体にセットする。

メニュー ▷ カテゴリー ▷ スープ ▷ 野菜スープ		
HT24B 自動 ▷ カレー・スープ1-5		
HT99B / HT16E 自動 ▷ カレー・スープ1-5		
HT99A 手動 ▷ 煮物1-1（まぜる）▷ 20分		

③ 器に盛り、すりおろした
パルメザンチーズ適量（分量外）をふる。

レンズ豆は戻さずに使える

平たいレンズ形をした豆で、
ほっくりとして甘みがある。
水で戻す必要がなく、
早く煮えるのがメリット。

カッチャトーラ（鶏の猟師風煮込み）

イタリア料理定番の、鶏肉のトマト煮込み。鶏肉は皮をこんがりと香ばしく焼いて。
赤唐辛子が鍋肌に当たると辛くなりすぎるので、最後に上にのせましょう。

材料［2人分］

鶏もも肉（余分な脂を除き、4つに切る）……1枚分（300g）
玉ねぎ（縦薄切り）……½個強分（120g）
生マッシュルーム（4つ割り）……小1パック分（100g）
グリーンオリーブ……8個
トマトの水煮缶（ホールタイプ、つぶす）
　……¼缶分（100g）
にんにく（つぶす）……3かけ分
赤唐辛子（ヘタと種を除く）……½本分
ローリエ……1枚
白ワイン……大さじ5強（80㎖）
酢（あれば米酢）……大さじ1
塩……小さじ⅓
オリーブ油……大さじ2

作り方

① まぜ技ユニットを本体にセットする。

② 鶏肉は塩、こしょう各少々（分量外）をふり、
　皮目にだけ小麦粉適量（分量外）を薄くまぶす。
　フライパンにオリーブ油少々（分量外）を熱し、
　鶏肉を皮目から脂をふきながら焼き、
　焼き色がついたら返してさっと焼く。

③ 内鍋にオリーブ油とにんにくを入れ、赤唐辛子以外の
　材料を入れ、最後に赤唐辛子をのせ、本体にセットする。

メニュー ▷ カテゴリー ▷ 煮物 ▷ 肉 ▷ 豚肉のトマト煮こみ			
HT24B	手動 ▷ 煮物2-2（まぜない）▷ 60分		
HT99B / HT16E	手動 ▷ 煮物2-2（まぜない）▷ 60分		
HT99A	手動 ▷ 煮物1-2（まぜない）▷ 60分		

④ 器に盛り、粗びき黒こしょう少々（分量外）をふる。

肉は脂をふきながら焼く

鶏肉は皮目から焼き、
出てきた脂を
ペーパータオルで
ふきながら焼くと、
すっきりした味に
仕上がります。

キャベツとひき肉の重ね蒸し

ひき肉とキャベツと重ねることで、
肉と野菜のうまみがそれぞれに移ります。
盛りつけは形を崩して、ざっくりと盛って。

☞ 作り方はP34

サーモンのアクアパッツァ

人気のアクアパッツァを、切り身魚とあさりで手軽に作ります。
サーモンが内鍋にくっつかないよう、オイルとトマトの後に入れるのがポイント。

☞ 作り方はP34

キャベツとひき肉の重ね蒸し

材料［2人分］

キャベツ（半分にしてくし形に切り、1枚ずつはがす）
　……⅛個分（200g）
A 合いびき肉……200g
　玉ねぎ（みじん切り）……¼個分（50g）
　ベーコン（塊、7mm角に切る）……50g
　塩……小さじ¼
　こしょう……少々
　溶き卵……大さじ2
ローリエ……1枚
B トマトジュース（無塩）……⅔カップ
　塩……ひとつまみ
　オリーブ油……大さじ1

作り方

① Aをよく練り混ぜる。
② 内鍋にローリエを入れる。キャベツを2〜3枚敷き、
　❶を適量のせて平らにならす(a)。
　この作業を3〜4回くり返し、Bを加える。

> **メニュー ▷ カテゴリー ▷ 煮物 ▷ 野菜**
> **▷ 白菜と豚バラの重ね煮**
>
> **HT24B** 自動 ▷ 煮物2-4
> **HT99B / HT16E** 自動 ▷ 煮物2-4
> **HT99A** 自動 ▷ 煮物1-6

③ お好みで具を取り出し、3分ほど煮詰める
　（**煮詰め**スタート後、ふたを開ける）。
④ 具を器に盛り、❸の煮汁をかけ、
　粗びき黒こしょう少々（分量外）をふる。

サーモンのアクアパッツァ

材料［2人分］

生鮭（2等分に切る）……2切れ分
あさり（砂抜き済み、殻をこすり合わせて洗う）……200g
トマト（1.5cm角に切る）……小1個分（100g）
ケイパー（酢漬け）……大さじ1
にんにく（みじん切り）……1かけ分
白ワイン……½カップ
オリーブ油……大さじ1½

作り方

① 内鍋にオリーブ油、にんにく、トマトの⅓量を入れる。
　生鮭、あさり、残りのトマト、ケイパー、
　白ワインの順に加え、本体にセットする。

> **メニュー ▷ カテゴリー ▷ 煮物 ▷ 魚介 ▷ アクアパッツァ**
>
> **HT24B** 自動 ▷ 煮物2-10
> **HT99B / HT16E** 自動 ▷ 煮物2-10
> **HT99A** 自動 ▷ 煮物1-9

② 器に盛り、粗びき黒こしょう少々（分量外）をふる。

ケイパーでさっぱりと

フウチョウボク科の
植物の花のつぼみを
酢漬けにしたもの。
鮭と相性がよく、
生臭みが消える。

2章

うまみと栄養たっぷりの
おかずスープ

ホットクックで作ると塩味や風味が際立つので、
だしなしでも、おいしいスープを作れます。
いつものメニューも組み合わせを工夫すれば、
アクセントがついて、新鮮な味わいに。
まぜ技ユニットを使えば、ポタージュもあっという間。
身も心も温まる、具だくさんのスープをどうぞ。

料理／エダジュン

和風ミネストローネ

トマトベースにごぼうを加え、さらにみそとしょうゆで和風にアレンジ。
野菜は大きさをそろえて切ると、食感がよくなります。

材料 [2人分]

ベーコン（塊）……100g
にんじん……½本（80g）
ごぼう……½本（50g）
玉ねぎ……¼個（50g）
にんにく（みじん切り）……1かけ分
トマトの水煮缶（カットタイプ）……1缶（400g）
水……1カップ
みそ……大さじ1
しょうゆ…… 小さじ1
かつお節……1パック（4g）

作り方

① まぜ技ユニットを本体にセットする。
② ベーコン、にんじん、ごぼう、玉ねぎはすべて1cm角に切る(a)。
③ 内鍋に❷、残りの材料を入れ、本体にセットする。

メニュー ▷ カテゴリー ▷ スープ ▷ 野菜スープ

HT24B	自動 ▷ カレー・スープ1-5
HT99B / HT16E	自動 ▷ カレー・スープ1-5
HT99A	手動 ▷ 煮物1-1（まぜる）▷ 20分

a

かつお節でうまみをプラス

かつお節を加えるとうまみが増し、
香ばしい風味が根菜とよく合います。

ホットビシソワーズ

じゃがいものポタージュに、ベーコンやアンチョビで食べごたえもアップ！
生クリームは後から加えて、風味を生かします。

材料[2人分]

じゃがいも（4等分に切る）……2個分（300g）
ベーコン（塊、みじん切り）……100g
長ねぎ（みじん切り）……½本分（50g）
セロリ（みじん切り）……¼本分（20g）
アンチョビ（みじん切り）……3枚分
A　牛乳……1カップ
　　バター……大さじ2弱（20g）
　　洋風スープの素（顆粒）……小さじ1
B　生クリーム……1カップ
　　塩、こしょう……各少々
パセリ（みじん切り）……適量

作り方

① まぜ技ユニットを本体にセットする。
② 内鍋にじゃがいもからアンチョビまでの材料を入れ、
　 Aを順に加え、本体にセットする。

メニュー ▷ カテゴリー ▷ スープ ▷ じゃがいものポタージュ
▷ 報知音の後にBを加える ▷ 再スタート

HT24B 自動 ▷	カレー・スープ1-6に合わせて同様にする	
HT99B / HT16E 自動 ▷	カレー・スープ1-6に合わせて同様にする	
HT99A 自動 ▷	野菜ゆで3-4 ▷ 加熱終了後、煮物1-21 ▷ Bを加える ▷ 延長2分	

③ 器に盛り、パセリを散らす

白いんげん豆のポトフ

野菜はゴロゴロ大きく切り、うまみになるソーセージは切らずにそのままで。
ソーセージの塩気で十分ですが、お好みで塩を加えてください。

材料［2人分］

ウインナーソーセージ……4本
白いんげん豆（《水煮》P91参照、水気をきる）
　……100g
玉ねぎ（4等分に切る）……½個分（100g）
にんじん（乱切り）……½本分（80g）
ズッキーニ（乱切り）……½本分（100g）
水……2カップ
洋風スープの素（顆粒）……小さじ2
ローリエ……1枚

作り方

① まぜ技ユニットを本体にセットする。
② 内鍋にすべての材料を入れ、本体にセットする。

メニュー ▷ カテゴリー ▷ スープ ▷ 野菜スープ		
HT24B	自動 ▷ カレー・スープ 1-5	
HT99B / HT16E	自動 ▷ カレー・スープ 1-5	
HT99A	手動 ▷ 煮物 1-1（まぜる）▷ 20分	

③ 加熱後、味をみて塩、こしょう各少々（分量外）で
　ととのえる。

ほうれん草とベーコンの
マンハッタンチャウダー

タバスコで辛みをつけ、トマトで赤く仕上げたところがマンハッタン風。
ほうれん草も加えて彩りよく、栄養も満点です。

材料［2人分］

A　ベーコン（塊、1cm角に切る）……100g
　　ほうれん草（3cm長さに切る）…¼束分（50g）
　　じゃがいも（1cm角に切る）…1個分（150g）
　　玉ねぎ（1cm角に切る）……½個分（100g）
バター……大さじ2弱（20g）
小麦粉……大さじ2
あさり缶詰……小1缶（80g）
B　牛乳……1カップ
　　トマトの水煮缶（カットタイプ）…1缶（400g）
　　洋風スープの素（顆粒）……小さじ1
　　タバスコ……小さじ1
　　ローリエ……1枚

作り方

① まぜ技ユニットを本体にセットする。
② フライパンにバターを溶かし、**A**を入れて炒め(a)、小麦粉をふりながら加えて(b)全体になじむまで炒める。
③ 内鍋に❷、あさり缶を缶汁ごと(c)、**B**を加え、本体にセットする。

メニュー ▷ カテゴリー ▷ スープ ▷ 野菜スープ		
HT24B	自動 ▷ カレー・スープ1-5	
HT99B / HT16E	自動 ▷ カレー・スープ1-5	
HT99A	手動 ▷ 煮物1-1（まぜる）▷ 20分	

④ 加熱後、味をみて塩少々（分量外）でととのえる。

塩豚とれんこんのローズマリースープ

塩麹と砂糖をもみ込んで塩豚を作ってから、スープにします。
塩豚にすると肉がやわらかに。歯ごたえのいいれんこんとよく合います。

材料［2人分］

豚ロース肉（塊、3cm角に切る）……300g

A ｛ 塩麹……大さじ2
   砂糖……小さじ2

れんこん（1cm厚さのいちょう切り）…小1節分（150g）
グリーンオリーブ……30g
にんにく（皮つき、つぶす）……1かけ分
ローズマリー……2枝
水……2カップ
塩麹……大さじ1

作り方

① ポリ袋に豚肉、Aを入れてもみ込み、
　口を閉じて冷蔵庫に2時間以上おく。

② 内鍋に❶を汁ごと入れ、残りの材料をすべて加え、
　本体にセットする。

手動 ▷ 煮物を作る ▷ まぜない ▷ 40分		
HT24B　手動 ▷ 煮物2-2（まぜない）▷ 40分		
HT99B / HT16E　手動 ▷ 煮物2-2（まぜない）▷ 40分		
HT99A　手動 ▷ 煮物1-2（まぜない）▷ 40分		

③ にんにくは皮をとって器に盛り、
　粗びき黒こしょう少々（分量外）をふる。

豚肉のストロガノフスープ

豚肉のおいしさを存分に味わう、デミグラス風味のこっくりしたスープ。
吹きこぼれないよう、最後に生クリームを加えて再加熱します。

材料［2人分］

豚バラ肉（塊、2㎝角に切る）……200g
玉ねぎ（縦薄切り）……½個分（100g）
オリーブ油……小さじ2
A ┌ トマトの水煮缶（カットタイプ）……1缶（400g）
　 ├ デミグラスソース缶詰……小1缶（200㎖）
　 ├ トマトケチャップ……大さじ2
　 ├ 赤ワイン……大さじ2
　 └ ドライバジル……小さじ½
生クリーム……½カップ
塩……小さじ¼

作り方

① まぜ技ユニットを本体にセットする。
② フライパンにオリーブ油を熱し、
　 豚肉と玉ねぎを入れて玉ねぎはしんなりするまで、
　 豚肉は表面に焼き色がつくまで炒める。
③ 内鍋に❷、Aを入れ、本体にセットする。

手動 ▷ 煮物を作る ▷ まぜる ▷ 30分
▷ 生クリーム、塩を入れる ▷ 延長5分

`HT24B` 手動 ▷ 煮物2-1（まぜる）にして同様にする。
`HT99B / HT16E` 手動 ▷ 煮物2-1（まぜる）にして同様にする。
`HT99A` 手動 ▷ 煮物1-1（まぜる）にして同様にする。

豚肉はこんがり焼いて

濃厚なスープに
負けないよう、
焼き目をつけると
風味よく仕上がる。

鶏もも肉（2cm角に切る）……1枚分（250g）
玉ねぎ（縦薄切り）……½個分（100g）
トマト（ヘタを除く）……4個分（800g）
セロリ（小口切り）……½本分（50g）
セロリの葉（2cm幅に切る）……½本分
にんにく（薄切り）……1かけ分
ローリエ……1枚
塩、こしょう……各小さじ½
オリーブ油……大さじ1

作り方

① まぜ技ユニットを本体にセットする。

② 玉ねぎにオリーブ油を加えてからめる。

③ 内鍋に❷、トマト、セロリ（葉も）、にんにく、鶏肉の
順に入れ、ローリエ、塩、こしょうを加え、本体にセットする。

メニュー ▷ カテゴリー ▷ カレー・シチュー ▷ チキンと野菜のカレー
HT24B 自動 ▷ カレー・スープ1-1
HT99B / HT16E 自動 ▷ カレー・スープ1-1
HT99A 自動 ▷ 煮物1-14

④ 器に盛り、粗びき黒こしょう少々（分量外）
をふる。

このスープは野菜からの水分だけ

無水トマトスープ

野菜の水分だけでたっぷりのスープができる、
無水調理ならではの一品。
セロリは葉も使って、香りをきかせます。

鶏肉とズッキーニの
カマンベールチーズスープ

カマンベールチーズが溶けて、クリーミーな口当たりに。
チーズの半分はちぎってのせ、風味と口溶けを楽しみましょう。

材料［2人分］

鶏もも肉（2cm角に切る）……1枚分（250g）
ズッキーニ（2cm角に切る）……½本分（100g）
玉ねぎ（2cm角に切る）……½個分（100g）
水……2カップ
粒マスタード、オリーブ油……各小さじ2
カマンベールチーズ（半分に切る）……1個分（100g）

作り方

① まぜ技ユニットを本体にセットする。
② 内鍋に鶏肉からオリーブ油まで順に入れ、
　 カマンベールチーズの半量はそのままのせ、本体にセットする。

メニュー ▷ カテゴリー ▷ スープ ▷ 野菜スープ
HT24B 自動 ▷ カレー・スープ1-5
HT99B / HT16E 自動 ▷ カレー・スープ1-5
HT99A 手動 ▷ 煮物1-1（まぜる）▷ 20分

③ 加熱後、塩、こしょう各少々（分量外）で味をととのえ、
　 器に盛り、残りのカマンベールチーズを手でちぎってのせる。

パンプキンレモン麹スープ

クリーミーなかぼちゃのポタージュですが、甘酸っぱさが新鮮な味わいです。
塩麹で味つけすれば、スープの素がなくても十分おいしい！

材料［2人分］

A
- かぼちゃ（皮を除き、3cm角に切る）
  ……約¼個分（正味300g）
- 玉ねぎ（縦薄切り）……½個分（100g）
- 塩麹……大さじ1
- 水……1カップ

B
- 牛乳……1カップ
- レモン汁……大さじ2

最後に牛乳は加えて

牛乳はかぼちゃが
やわらかくなってから加え、
口当たりなめらかに仕上げる。

作り方

① まぜ技ユニットを本体にセットする。

② 内鍋に**A**を入れ、本体にセットする。

> メニュー ▷ カテゴリー ▷ スープ ▷ かぼちゃのポタージュ
> ▷ 報知音の後に**B**を加える ▷ スタート
>
> **HT24B** 自動 ▷ カレー・スープ1-6に合わせて同様にする。
> **HT99B / HT16E** 自動 ▷ カレー・スープ1-6に合わせて同様にする。
> **HT99A** 自動 ▷ 野菜ゆで3-4 ▷ 加熱終了後、煮物1-21に合わせて
> 同様にする。▷ 延長2分

③ 加熱後、塩少々（分量外）で味をととのえる。

ベジタブルブロススープ

普段は捨ててしまう野菜の皮や葉を煮出し、野菜エキスたっぷりのスープに。
小さめの器でどうぞ。滋味豊かで、体がほっとする味です。

材料［作りやすい量］

野菜の皮など（かぼちゃやにんじんや玉ねぎの皮、
　　ごぼうの皮、セロリの葉、キャベツの外葉など）
　　　……合わせて300g
にんにく（皮つき、つぶす）……2かけ分
水……6カップ
酒……大さじ2
塩……小さじ1

作り方

① 内鍋にすべての材料を入れ、本体にセットする。

手動 ▷ 煮物を作る ▷ まぜない ▷ 30分

HT24B	手動 ▷ 煮物2-2（まぜない）▷ 30分
HT99B / HT16E	手動 ▷ 煮物2-2（まぜない）▷ 30分
HT99A	手動 ▷ 煮物1-2（まぜない）▷ 30分

② 加熱後、ザルでこす。

野菜くずで
おいしい
だしが出ますよ

甘みがある玉ねぎと
かぼちゃの皮がおすすめで、
芋類の皮は避ける。
なすやごぼうの皮、
ゴーヤ、カリフラワーなどは
苦みも出るので好みでどうぞ。

手羽先とかぶの ナンプラースープ

レモン汁がいいアクセントになる、酸っぱくて辛いエスニックスープ。
淡白な素材の組み合わせですが、骨つき肉なのでうまみたっぷり。

材料［2人分］

鶏手羽先（骨に沿ってフォークで数か所刺す）
……6本
かぶ（皮をむいて4つ割りにする）……4個分
にんにく（つぶす）……1かけ分
塩、こしょう……各小さじ¼
A｜ 水……2カップ
　｜ ナンプラー……大さじ1
　｜ レモン汁……大さじ1
　｜ 赤唐辛子（ヘタと種を除いて輪切り）
　｜ ……1本分
万能ねぎ（小口切り）……適量

作り方

① まぜ技ユニットを本体にセットする。
② 鶏肉に塩とこしょうをふって、もみ込む。
③ 内鍋に❷、かぶ、にんにく、Aを入れ、
　本体にセットする。

メニュー ▷ カテゴリー ▷ スープ ▷ 野菜スープ
HT24B 自動 ▷ カレー・スープ1-5
HT99B / HT16E 自動 ▷ カレー・スープ1-5
HT99A 手動 ▷ 煮物1-1（まぜる）▷ 20分

④ 器に盛り、万能ねぎを散らす。

ガーリックシュリンプ コンソメスープ

えびは殻からもだしが出るので、切り込みを入れて殻つきのまま煮ます。
にんにくの香りに、バターのコクをきかせて。

材料［2人分］

えび（背に切り込みを入れ、背ワタを除く）……8尾
玉ねぎ（4cm角に切る）……1個分（200g）
パセリ（ざく切り）……2本分（10g）
にんにく（みじん切り）……2かけ分
バター……大さじ2弱（20g）
水……2カップ
白ワイン……¼カップ
洋風スープの素（顆粒）……小さじ2
塩、こしょう……各少々

作り方

① まぜ技ユニットを本体にセットする。
② 内鍋にすべての材料を入れ、本体にセットする。

メニュー ▷ カテゴリー ▷ スープ ▷ 野菜スープ
HT24B 自動 ▷ カレー・スープ1-5
HT99B / HT16E 自動 ▷ カレー・スープ1-5
HT99A 手動 ▷ 煮物1-1（まぜる）▷ 20分

冷凍きのことパプリカの黒酢スープ

ちょっと酸味がきいた、きのこたっぷりのサンラータン風スープ。
きのこは冷凍してから煮ると、水分が抜けて風味も香りもアップします。

材料 [2人分]

しめじ（根元を除き、ほぐす）…1パック分（100g）

まいたけ（ほぐす）……1パック分（100g）

えのきたけ（根元を除き、長さを半分に切る）
　　……1パック分（100g）

パプリカ（赤、縦細切り）……⅓個分（50g）

塩……小さじ¼

A｜水……2カップ
　｜黒酢……大さじ2
　｜酒……大さじ1
　｜しょうゆ……小さじ2
　｜豆板醤（トーバンジャン）……小さじ½
　｜ラー油……小さじ1

作り方

① きのこはジッパーつき保存袋に入れ、
　2時間以上冷凍する（そのまま使ってもOK）。

② まぜ技ユニットを本体にセットする。

③ 内鍋に❶、パプリカを入れ、塩をふって混ぜる。
　Aを加え、本体にセットする。

メニュー ▷ カテゴリー ▷ スープ ▷ 野菜スープ

HT24B	自動 ▷ カレー・スープ1-5	
HT99B / HT16E	自動 ▷ カレー・スープ1-5	
HT99A	手動 ▷ 煮物1-1（まぜる）▷ 20分	

台湾酸菜白肉風スープ
（スワァン ツァイ バイ ロー）

本来の酸っぱくなった白菜漬けの代わりに、
塩もみした白菜に酢を混ぜます。
ごま油とこしょうは、香りが残るように加熱後に加えて。

材料〔2～3人分〕

白菜（一口大に切る）……約⅛個分（300g）
A ┤ 塩……小さじ1
　 └ 酢……大さじ4
豚バラ薄切り肉（4cm長さに切る）……100g
えのきたけ（根元を除き、長さを半分に切る）
　　　　……1パック分（100g）
干ししいたけ（水3カップにつけて戻し、
　　　軸を除いて薄切り）……4個分
B ┤ ごま油……小さじ2
　 └ 粗びき黒こしょう……小さじ¼

作り方

① まぜ技ユニットを本体にセットする。
② 白菜はポリ袋に入れ、Aの塩を加えてもみ込む。
　 水気が出てきたらしっかりと絞り、酢を混ぜる。
③ 内鍋に②、豚肉、えのきたけ、干ししいたけを戻し汁ごと入れ、
　 本体にセットする。

メニュー ▷ カテゴリー ▷ スープ ▷ 野菜スープ		
HT24B	自動 ▷ カレー・スープ1-5	
HT99B / HT16E	自動 ▷ カレー・スープ1-5	
HT99A	手動 ▷ 煮物1-1（まぜる）▷ 20分	

④ 加熱後、Bを加える。

酢を混ぜて古漬け風に

塩もみして
白菜がしんなりしたら、
水気を絞って酢を混ぜる。

手羽中とセロリの薬膳カレースープ

カレー粉に八角を合わせると、漢方のようなちょっと複雑な香りに。
香りのよいセロリとにらを合わせた、体が元気になるコクのあるスープです。

材料［2人分］

鶏手羽中……10本
セロリ（斜め薄切り）……½本分（50g）
にら（4cm長さに切る）……½束分（50g）
にんにく（薄切り）……1かけ分
水……2カップ
カレー粉……小さじ1
八角……1個
オイスターソース……小さじ2
こしょう……少々

作り方

① まぜ技ユニットを本体にセットする。
② 内鍋にすべての材料を入れ、本体にセットする。

メニュー ▷ カテゴリー ▷ スープ ▷ 野菜スープ		
HT24B	自動 ▷ カレー・スープ1-5	
HT99B / HT16E	自動 ▷ カレー・スープ1-5	
HT99A	手動 ▷ 煮物1-1（まぜる）▷ 20分	

納豆ユッケジャン風スープ

牛肉、もやしで作る韓国のスープ。粉唐辛子の代わりに白菜キムチで辛みを。
大根はかみごたえが残るように、少し大きめに切るのがポイントです。

材料［2人分］

牛カルビ薄切り肉（1cm幅に細切り）……150g
大根（大きめの乱切り）……3cm分（100g）
白菜キムチ……80g
納豆（ひきわり）……1パック
豆もやし……½パック（100g）
にんにく（すりおろす）……1かけ分
水……2カップ
コチュジャン……大さじ1
みそ、しょうゆ……各小さじ2

作り方

① まぜ技ユニットを本体にセットする。

② 内鍋にすべての材料を入れ、本体にセットする。

メニュー ▷ カテゴリー ▷ スープ ▷ 野菜スープ

HT24B	自動 ▷	カレー・スープ1-5
HT99B / HT16E	自動 ▷	カレー・スープ1-5
HT99A	手動 ▷	煮物1-1（まぜる）▷ 20分

③ 器に盛り、いり白ごま小さじ1（分量外）をふる。

じゃこといんげんの
雑穀わさびスープ

雑穀のプチプチとした歯ごたえが楽しい具だくさんのスープ。
ちりめんじゃこからもおいしいだしが出ます。わさびの辛みでさわやかに。

材料［2人分］

ちりめんじゃこ……大さじ4（20g）
さやいんげん（3cm長さに斜め切り）……6本分
大根（厚みを半分に切り、さらに4つ割り）…3cm分（100g）
玉ねぎ（一口大に切る）……½個分（100g）
雑穀ミックス……1パック（30g）
しょうが（すりおろす）……2かけ分
だし汁……2カップ
おろしわさび……小さじ2

作り方

① まぜ技ユニットを本体にセットする。
② 内鍋にすべての材料を入れ、本体にセットする。

メニュー ▷ カテゴリー ▷ スープ ▷ 野菜スープ

HT24B	自動 ▷ カレー・スープ1-5
HT99B / HT16E	自動 カレー・スープ1-5
HT99A	手動 ▷ 煮物1-1（まぜる）▷ 20分

雑穀は種類多めで

いろいろな風味や歯ごたえが楽しめる、雑穀の種類が多いもの（十六穀など）がおすすめ。

鶏肉とあおさの梅ほうじ茶スープ

鶏肉と海藻をだしではなくほうじ茶で煮て、梅干しも加えてさっぱりと。
ほうじ茶は濃いめのほうがおいしい！

材料［2〜3人分］

鶏もも肉（一口大に切る）……1枚分（250g）
乾燥あおさ……ふたつまみ（5g）
乾燥ひじき（芽ひじき）……ひとつまみ（3g）
梅干し（種を除き、細かく刻む）……2個分（30g）
塩麹……大さじ1
ほうじ茶……2カップ

作り方

① まぜ技ユニットを本体にセットする。
② ひじきは水で戻して水気をきって内鍋に入れ、
　残りの材料を加え、本体にセットする。

メニュー ▷ カテゴリー ▷ スープ ▷ 野菜スープ		
HT24B 自動 カレー・スープ1-5		
HT99B / HT16E 自動 カレー・スープ1-5		
HT99A 手動 煮物1-1（まぜる） 20分		

スタミナにんにく豚汁

根菜と豚肉の定番のみそ汁ですが、にんにくを加えてスタミナアップ。
みそとにんにく、根菜のバランスが絶妙な一品です。

☞ 作り方はP58

鮭と明太子の博多風スープ

鮭と白菜のピリ辛スープに、
生の明太子を汁に溶かしながらいただきます。
明太子の代わりに、たらこでもおいしい。

☞ 作り方はP58

スタミナにんにく豚汁

材料〔2人分〕

豚バラ薄切り肉（4cm長さに切る）…100g
ごぼう（小さめの乱切り）……½本分（50g）
にんじん（小さめの乱切り）……½本分（80g）
にんにく（薄切り）……2かけ分
だし汁……2カップ
みそ……小さじ2

作り方

① まぜ技ユニットを本体にセットする。
② 内鍋にすべての材料を入れ、本体にセットする。

メニュー ▷ カテゴリー ▷ スープ ▷ 具だくさんみそ汁

HT24B	自動 ▷ カレー・スープ1-5	
HT99B / HT16E	自動 ▷ カレー・スープ1-5	
HT99A	手動 ▷ 煮物1-1（まぜる）▷ 20分	

にんにくの風味を楽しむため、2かけ使用。
香りが引き立つよう、薄切りにして。

にんにくはたっぷりと

鮭と明太子の博多風スープ

材料〔2人分〕

A 甘塩鮭（皮を除き、2cm幅に切る）
　　……2切れ分（140g）
　　白菜（一口大に切る）……1枚分（100g）
　　水……2カップ
　　赤唐辛子（ヘタと種を除く）……1本
　　にんにく（薄切り）……1かけ分
　　バター……大さじ1弱（10g）
　　しょうゆ……小さじ1
　　塩……少々
明太子（薄皮を除く）……1腹（40g）

作り方

① まぜ技ユニットを本体にセットする。
② 内鍋に **A** をすべて入れ、本体にセットする。

メニュー ▷ カテゴリー ▷ スープ ▷ 野菜スープ

HT24B	自動 ▷ カレー・スープ1-5	
HT99B / HT16E	自動 ▷ カレー・スープ1-5	
HT99A	手動 ▷ 煮物1-1（まぜる）▷ 20分	

③ 器に盛り、明太子をのせてスープに溶かしながら食べる。

明太子またはたらこでも

縦に1本切り込みを入れ、
包丁の先で身をかき出す。

3章

カンタン低温調理で
肉・魚のごちそう

プロ並みの料理に仕上がると話題の低温調理。
ホットクックなら、真空や湯せんにする必要がありません。
分厚いお肉はジューシーで絶妙な火の通り具合に、
シーフードは弾力のある独特な食感になります。
ローストビーフやねっとりサーモン、砂肝のコンフィなど、
おうちでビストロ気分を楽しんで!

料理／川上文代

＊低温調理では、赤い肉（牛肉、羊肉）は60℃前後、
　白い肉（豚肉、鶏肉）は70℃前後で火を通します。
　肉が1cm厚くなると、10分長く加熱するのが目安。
　厚みによって、加熱時間を調整してください。

ローストビーフ

低温調理といえば、まず作りたい1品。
表面は香ばしく、中はやわらかくジューシー。
肉の量に対して塩分1%が目安なので、
肉の大きさに合わせてください。

ローストポーク

豚肉は塩麹でうまみをプラス。
しばらくおいてしっかりと味をしみ込ませます。
塊肉でも絶妙な火の通りで、しっとりやわらかな仕上がりに。

材料〔4人分〕

牛肩ロース肉（厚みのあるステーキ用）
　　……400g
玉ねぎ（縦薄切り）……½個分（100g）
A ｜ 塩*……4g
　 ｜ こしょう……少々
バター……大さじ1（10g）
クレソン、粒マスタード……各適量
＊牛肉の重量の1％。

こんがり焼き目をつけてね

牛肉の表面をしっかりと焼いてから低温調理することで、
肉に香ばしさが加わり、よりうまみを感じる。

作り方

① 牛肉はフォークを全体に刺して穴をあけ(a)、
　Aをまぶす。
② フライパンにバターを溶かし、
　❶を入れて強火で表面をこんがり焼いて取り出す。
　続けて玉ねぎを、しんなりするまで炒める。
③ 内鍋に玉ねぎ、牛肉を入れて(b)、本体にセットする。

> **手動▷発酵・低温調理をする▷60℃▷30分**
> **▷上下を返す▷延長30分**
>
> `HT24B` 手動▷6 発酵にして同様にする。
> `HT99B / HT16E` 手動▷6 発酵にして同様にする。
> `HT99A` 手動▷5 発酵▷60℃▷1時間（30分後に上下を返す）
> ※身の最も厚いところを切ってみて、好みの火の通り具合
> 　で完成。

④ 取り出して牛肉は薄く切り、玉ねぎとともに器に盛り、
　クレソン、粒マスタードを添える。

 a
 b

---

材料〔4人分〕

豚肩ロース肉（塊）……300g
ミックスビーンズ（ドライパック）……100g
A ｜ 塩麹……大さじ1
　 ｜ 塩……小さじ⅓
　 ｜ こしょう……少々
白ワイン……大さじ2
バター……小さじ1

作り方

① 豚肉はフォークで全体を刺して穴をあけ、
　Aをまぶす。
② フライパンにバターを溶かし、
　❶を入れて強火で表面をこんがり焼く。
③ 内鍋にミックスビーンズ、❷、白ワインを入れて
　本体にセットする。

> **手動▷発酵・低温調理をする▷70℃▷30分**
> **▷上下を返す▷延長40分**
>
> `HT24B` 手動▷6 発酵にして同様にする。
> `HT99B / HT16E` 手動▷6 発酵にして同様にする。
> `HT99A` 手動▷5 発酵▷65℃▷1時間（30分後に上下を返す）
> ※身の最も厚いところを切ってみて、生でなければ完成。
> 　生の場合は、加熱を延長して様子を見る。

④ 取り出して豚肉は好みの厚さに切り、
　ミックスビーンズとともに器に盛る。

チキンハーブハム

ハーブと塩で下味をつけ、ラップで包んだら、あとはホットクックまかせ。
手軽に鶏ハムが作れます。全体に熱がまわるよう、水を加えて加熱して。

材料[4人分]

鶏胸肉……1枚（300g）

A 塩*……小さじ½（3g）
　 こしょう……少々
　 ハーブ（イタリアンパセリ、タイムのみじん切り）
　　　……大さじ1

水……1½カップ

＊鶏肉の重量の1%。

作り方

① 鶏肉はフォークで全体を刺して穴をあけ、Aをまぶす(a)。

② ラップを広げて❶をのせ、キャンディ状に包んで両サイドを縛る(b)。

③ 内鍋に分量の水と❷を入れて(c)、本体にセットする。

> **手動 ▷ 発酵・低温調理をする ▷ 70℃ ▷ 30分**
> **▷ 上下を返す ▷ 延長30分**
>
> **HT24B** 手動 ▷ 6 発酵にして同様にする。
> **HT99B / HT16E** 手動 ▷ 6 発酵にして同様にする。
> **HT99A** 手動 ▷ 5 発酵 ▷ 65℃ ▷ 1時間（30分後に上下を返す）
>
> ※身の最も厚いところを切ってみて、生でなければ完成。
> 　生の場合は、加熱を延長して様子を見る。

④ 取り出して食べやすく切り分ける。

a

b

c

フレッシュハーブがおすすめ

淡泊な鶏肉には、
やさしい香りのタイム（左）や
イタリアンパセリ（右）がよく合う。
どちらか1種類だけでもよい。

ラムチョップのハーブソテー

火の通りにくい骨つき肉でも、低温調理で熱を通しておけば安心。
さらに香ばしく焼くことで、外はこんがり、中はジューシーな仕上がりに。

材料〔2人分〕

ラムチョップ……大2本（300g）
A　塩*……小さじ½（3g）
　　粗びき黒こしょう……適量
　　タイム……4本
　　ローズマリー……1枝
　　にんにく（半分に切ってつぶす）……1かけ分
　　オリーブ油……小さじ1
じゃがいも（皮つきのままくし形に切ってゆでる）
　　……1個分（150g）
オリーブ油……小さじ2
*ラムチョップの重量の1%。

作り方

① 内鍋にラムチョップとAを入れて混ぜ、本体にセットする。

> **手動▷発酵・低温調理をする▷60℃**
> **▷30分▷上下を返す▷延長20分**
>
> **HT24B** 手動▷6 発酵にして同様にする。
> **HT99B / HT16E** 手動▷6 発酵にして同様にする。
> **HT99A** 手動▷5 発酵▷60℃▷1時間（30分後に上下を返す）
>
> ※身の最も厚いところを切ってみて、生でなければ完成。
> 　生の場合は、加熱を延長して様子を見る。

② フライパンにオリーブ油を熱し、水気をふいたじゃがいもを入れ、
　塩、こしょう各少々（分量外）をふり、こんがりと焼いて取り出す。

③ 続けて❶の背の脂の部分を焼き、平らに倒して焼く。
　焼き色がついたら返し、反対側もこんがり焼く。
　ハーブとにんにくも一緒に焼いて、❷とともに器に盛る。

鶏の照り焼き

表面だけ香ばしく焼いてホットクックへ。
低温でじっくり加熱した照り焼きは、
フライパン仕上げとはまたひと味違う、
しっとり、ふっくらした食感です。

材料［2人分］

鶏もも肉……1枚（300g）
A〈 酒、しょうゆ、みりん……各大さじ1
長ねぎ（3cm長さに切る）……½本（50g）
生しいたけ（軸を除き、半分に切る）……4個分（60g）
サラダ油（あれば米油）……小さじ1

作り方

① 鶏肉はフォークで全体を刺して穴をあけ、Aの半量をからめる。
② フライパンにサラダ油を熱し、❶と長ねぎ、しいたけの
　 表面を香ばしく焼く。
③ 内鍋に❷と残りのAを入れ、本体にセットする。

手動 ▷ 発酵・低温調理をする ▷ 70℃ ▷ 30分
▷ 上下を返す ▷ 延長20分

HT24B 手動 ▷ 6 発酵にして同様にする。
HT99B / HT16E 手動 ▷ 6 発酵にして同様にする。
HT99A 手動 ▷ 5 発酵 ▷ 65℃ ▷ 1時間（30分後に上下を返す）

※身の最も厚いところを切って、生でなければ完成。
　生の場合は、加熱を延長して様子を見る。

バンバンジー
棒棒鶏

中華の定番メニューも、
ゆでて作るよりもジューシーでやわらか。
鶏肉が内鍋に触れるようにして加熱すると、
まんべんなく火が通ります。

材料［2人分］

鶏もも肉（皮なし）……1枚（300g）

A ┤ 塩*……小さじ½（3g）
  └ こしょう……少々

酒……大さじ1

B ┤ 長ねぎの青い部分……1本分
  └ しょうが（薄切り）……2枚

もやし……½袋（100g）

きゅうり（細切り）……½本分

*鶏肉の重量の1%。

《ごまだれ》

練り白ごま……大さじ1½

しょうゆ、砂糖、酢……各大さじ1

ごま油……大さじ½

作り方

① 鶏肉はフォークで全体を刺して穴をあけ、**A**をふる。

② 内鍋に鶏肉を入れて酒をふり、**B**をのせて本体にセットする。

> 手動 ▷ 発酵・低温調理をする ▷ 70℃ ▷ 30分
> ▷ 上下を返してもやしをのせる ▷ 延長30分
>
> **HT24B** 手動 ▷ 6 発酵にして同様にする。
> **HT99B / HT16E** 手動 ▷ 6 発酵にして同様にする。
> **HT99A** 手動 ▷ 5 発酵 ▷ 65℃ ▷ 1時間（30分後に上下を返して同様にする）
>
> ※身の最も厚いところを切って、生でなければ完成。
> 生の場合は、加熱を延長して様子を見る。

③ **B**を除き、鶏肉は手で細く裂く。
器にもやし、鶏肉、きゅうりを盛り、
混ぜ合わせたごまだれをかける。

ジューシーハンバーグ

憧れの大きなハンバーグは、中まで火を通すのが難しいですよね。
表面を焼いて低温調理すれば、分厚いハンバーグもふっくらジューシーに。

材料［2人分］

合いびき肉……250g
玉ねぎ（みじん切り）……¼個分（50g）
パン粉、牛乳……各大さじ2
A ┤ 塩……小さじ½
　　こしょう、ナツメグパウダー
　　　……各少々
バター……大さじ1弱（10g）
B ┤ 中濃ソース、トマトケチャップ
　　　……各大さじ1
　　マスタード……少々
ブロッコリー（塩ゆでする）……4房

作り方

① フライパンにバターの半量を溶かし、
　玉ねぎを炒めて冷ます。パン粉に牛乳を加えておく。

② ひき肉に❶、Aを加えて(a)混ぜ、2等分して形を整える。
　フライパンに残りのバターを熱して表面を焼く(b)。

③ 内鍋からはみ出さないようにクッキングシートを敷き、
　❷をのせ(c)、本体にセットする。

> **手動 ▷ 発酵・低温調理をする ▷ 70℃ ▷ 30分**
> **▷ 上下を返す ▷ 延長20分**
>
> **HT24B** 手動 ▷ 6 発酵にして同様にする。
> **HT99B / HT16E** 手動 ▷ 6 発酵にして同様にする。
> **HT99A** 手動 ▷ 5 発酵 ▷ 65℃ ▷ 1時間（30分後に上下を返す）
>
> ※身の最も厚いところを切って、生でなければ完成。
> 　生の場合は、加熱を延長して様子を見る。

④ ハンバーグを器に盛り、
　ブロッコリーを添えて混ぜ合わせたBをかける。

a　b

c

牛カツ

流行りの牛カツも、低温調理で
火を通してから揚げれば、
中がきれいなピンク色の
お店みたいなカツが楽しめます。
高温でさっと揚げるのがコツ！

材料［4人分］

牛肩ロース肉（ステーキ用）……1枚（400g）
A ｛ 塩*……小さじ1弱（4g）
　　 こしょう……少々
B ｛ 小麦粉、溶き卵、パン粉……各適量
揚げ油……適量
おろしわさび、しょうゆ……各適量
キャベツ（せん切り）……適量
＊牛肉の重量の1％。

作り方

① 牛肉はフォークで全体を刺して
穴をあけ、Aをふってもみ込む。

② 内鍋にクッキングシートを敷き、
❶を入れて本体にセットする。

手動 ▷ 発酵・低温調理をする ▷ 60℃ ▷ 30分
▷ 上下を返す ▷ 延長30分

HT24B 手動 ▷ 6 発酵にして同様にする。
HT99B / HT16E 手動 ▷ 6 発酵にして同様にする。
HT99A 手動 ▷ 5 発酵 ▷ 60℃ ▷ 1時間（30分後に上下を返す）
※身の最も厚いところを切って、好みの火の通り具合で完成。

③ ❷にBを順につけて、200℃の揚げ油で手早くカラリと揚げる。
油をきって食べやすく切り、キャベツのせん切りとともに器に盛り、
わさび、しょうゆを添える。

チキンのトマト煮

鶏肉を焼いてからホットクックで仕上げます。骨つき肉もトマト味がしっかりとしみ込みます。
じんわり火を入れるので、肉がパサパサになりません。

材料〔2人分〕

鶏手羽元……6本
しめじ（根元を除き、大きめにほぐす）……1パック分（100g）
A〈 塩、こしょう……各少々
オリーブ油……小さじ2
トマトソース（P100参照。または市販品）……1カップ
バジル（あれば）……少々

作り方

① 鶏手羽元にAをふる。フライパンにオリーブ油を熱し、手羽元をこんがり焼き、しめじを加えてさらに炒める。
② 内鍋にトマトソースと❶を入れて、本体にセットする。

**手動 ▷ 発酵・低温調理をする ▷ 70℃ ▷ 30分
▷ 上下を返す ▷ 延長20分**

- **HT24B** 手動 ▷6 発酵にして同様にする。
- **HT99B / HT16E** 手動 ▷6 発酵にして同様にする。
- **HT99A** 手動 ▷5 発酵 ▷65℃ ▷1時間（30分後に上下を返す）

※身の最も厚いところを切って、生でなければ完成。
生の場合は、加熱を延長して様子を見る。

③ 器に盛り、煮汁をかけてバジルを添える。

煮豚

豚肉を焼きつけて表面の脂を落としてから低温調理にかけるので、
うまみはそのままにヘルシーに仕上がります。八角で風味をつけた中華風のがっつり煮込み。

材料［2人分］

豚肩ロース肉（塊、2cm幅に切る）……300g
A ┌ しょうが（薄切り）……2枚
　　└ 長ねぎの青い部分……1本分
ごま油……小さじ½
B ┌ しょうゆ、酒……各大さじ1½
　　├ 砂糖、みりん……各大さじ1
　　└ 八角……1個
長ねぎ（白髪ねぎ）……適量

作り方

① フライパンにごま油を熱し、
　豚肉と**A**を入れて表面を香ばしく焼く。

② 内鍋に❶、**B**を入れて、本体にセットする。

> **手動 ▷ 発酵・低温調理をする ▷ 70℃ ▷ 30分**
> **▷ 上下を返す ▷ 延長20分**
>
> **HT24B** 手動 ▷6 発酵にして同様にする。
> **HT99B / HT16E** 手動 ▷6 発酵にして同様にする。
> **HT99A** 手動 ▷5 発酵 ▷65℃ ▷1時間（30分後に上下を返す）
>
> ※身の最も厚いところを切って、生でなければ完成。
> 　生の場合は、加熱を延長して様子を見る。

③ 豚肉を器に盛り、煮汁をかけて長ねぎを添える。

胃腸の働きもバッチリ

中華独特の香りを
つけるスパイス。
胃腸の働きを調える
作用があります。

スペアリブのバルサミコ煮

骨つき肉を焼いて野菜とともに煮込み、バルサミコ酢で酸味とコクをプラス。
1時間弱の加熱でも、ほろりと骨から肉が外れます。

材料 [4人分]

豚スペアリブ……500g
玉ねぎ（1.5cm角に切る）……¼個分（50g）
パプリカ（赤・黄、1.5cm角に切る）……各¼個分（80g）
A ┤ 塩……小さじ½
  └ 粗びき黒こしょう……適量
オリーブ油……小さじ1
B ┤ バルサミコ酢……大さじ2
  │ 洋風チキンスープの素（顆粒）…小さじ⅔
  └ 水……1カップ

作り方

① スペアリブはAをふる。
② フライパンにオリーブ油を熱し、❶を入れて表面を焼いて取り出し、玉ねぎ、パプリカを加えて香ばしくソテーする。
③ 内鍋に❷、Bを入れて、本体にセットする。

手動 ▷ 発酵・低温調理をする ▷ 70℃ ▷ 30分
▷ 上下を返す ▷ 延長20分

HT24B 手動 ▷ 6 発酵にして同様にする。
HT99B / HT16E 手動 ▷ 6 発酵にして同様にする。
HT99A 手動 ▷ 5 発酵 ▷ 65℃ ▷ 1時間（30分後に上下を返す）

※身の最も厚いところを切って、生でなければ完成。
　生の場合は、加熱を延長して様子を見る。

いかのねっとりカルパッチョ

刺身とはまたひと味違う仕上がりで、
歯ごたえは残り、甘みが増します。
今回は柚子こしょうで味つけしましたが、
塩、こしょうだけでも。

ねっとりサーモン

刺身用のサーモンを低温調理すると、
まさにねっとり、とろけるような口当たりに。
崩れやすいので、扱いやすいように
クッキングシートにのせて調理します。

材料［2人分］

いかそうめん（刺身用）……2人分（150g）

A | 塩……少々
  | 柚子こしょう……小さじ½
  | ごま油……小さじ2

ミニトマト（ヘタを取り、半分に切る）……適量

作り方

① クッキングシートにいかそうめんをのせ、
   Aを加えて混ぜる。

② 内鍋からはみ出さないよう❶をクッキングシートごと
   入れていかを広げ、本体にセットする。

手動 ▷ 発酵・低温調理をする ▷ 45℃ ▷ 40分

HT24B	手動 ▷6 発酵にして同様にする。
HT99B / HT16E	手動 ▷6 発酵にして同様にする。
HT99A	手動 ▷5 発酵 ▷45℃ ▷1時間（40分で取り出す）

③ クッキングシートごと取り出し、
   いかを滑らせるようにして盛り、ミニトマトを添える。

材料［2人分］

生鮭（刺身用）……2人分（150g）

A | 塩*……少々
  | 粗びき黒こしょう……少々
  | オリーブ油……小さじ1

ケイパー（酢漬け）……小さじ2

ディル……少々

＊サーモンの重量の1%。

作り方

① クッキングシートに生鮭をのせ、
   Aを加えて混ぜる。

② 内鍋からはみ出さないよう❶をクッキングシートごと
   入れて生鮭を広げ(a)、本体にセットする。

手動 ▷ 発酵・低温調理をする ▷ 45℃ ▷ 40分

HT24B	手動 ▷6 発酵にして同様にする。
HT99B / HT16E	手動 ▷6 発酵にして同様にする。
HT99A	手動 ▷5 発酵 ▷45℃ ▷1時間（40分で取り出す）

③ クッキングシートごと取り出し、
   サーモンを滑らせるようにして盛り、
   ケイパーを散らし、ディルを添える。

a

たこと里いものやわらか煮

たこが絶妙にやわらかく仕上がります。相性のいい里いもを合わせましたが、
皮つきを使うとグンとおいしい。里いもは電子レンジで加熱すれば、皮むきもラクラク。

材料［2人分］

ゆでだこ（乱切り）……150g
里いも……5〜7個（350g）
A ┃ だし汁……1カップ
　 ┃ しょうゆ、砂糖……各大さじ1
　 ┃ みりん……大さじ½

里いもは皮ごとレンジで加熱

皮つきのまま
電子レンジにかければ、
簡単に皮がむける。

作り方

① 里いもは洗って耐熱ボウルに入れ、
　ラップをして電子レンジ（600W）に5分ほどかけて
　中まで火を通す。熱いうちに皮をむいて縦半分に切る。

② 内鍋にたこ、❶、Aを入れ、本体にセットする。

手動 ▷ 発酵・低温調理をする ▷ 60℃ ▷ 30分
HT24B 手動 ▷ 6 発酵にして同様にする。
HT99B / HT16E 手動 ▷ 6 発酵にして同様にする。
HT99A 手動 ▷ 5 発酵 ▷ 60℃ ▷ 1時間（30分で取り出す）

③ そのまま室温になるまで30分ほどおいて味を含ませ、
　器に盛る。

材料［2人分］

鯛……2切れ
絹ごし豆腐（3cm角に切る）……½丁分（150g）
たけのこ（水煮、くし形に切る）…約¼本分（60g）
塩……少々
A ┌ 昆布（5cm四方）……1枚
　├ 水……1カップ
　└ 酒、うす口しょうゆ……各小さじ2

作り方

① 鯛は皮目に切り込みを入れ、塩をふって10分おく。熱湯にさっとくぐらせて湯をきる。
② 内鍋にAを入れ、①、豆腐、たけのこを加え、本体にセットする。

手動 ▷ 発酵・低温調理をする ▷ 70℃ ▷ 30分
HT24B 手動 ▷ 6 発酵にして同様にする。
HT99B / HT16E 手動 ▷ 6 発酵にして同様にする。
HT99A 手動 ▷ 5 発酵 ▷ 65℃ ▷ 1時間（30分で取り出す）

③ 器に盛り、煮汁をかける。

鯛と豆腐のしっとり煮

作るのが難しいと思われている、和食代表の煮魚。でも、ホットクックなら簡単で確実！
今回は鯛を使用していますが、他の切り身魚でもOKです。

サーモンのクリーム煮

鮭をまろやかに口当たりよく仕上げました。
火加減が難しい生クリームの煮込みも、低温調理なら吹きこぼれず手軽に作れます。

材料[2人分]

生鮭……2切れ
A 生マッシュルーム（薄切り）……4個分
　 塩、こしょう……各少々
　 生クリーム……大さじ5強（80ml）
バター……大さじ1弱（10g）
パルメザンチーズ（すりおろす）……大さじ1

作り方

① 生鮭に塩少々（分量外）をふり、20分おき、水気をふく。
② 内鍋の底にバターを塗り、❶、Aを入れ、本体にセットする。

手動 ▷ 発酵・低温調理をする ▷ 70℃ ▷ 30分

HT24B	手動 ▷ 6 発酵にして同様にする。
HT99B / HT16E	手動 ▷ 6 発酵にして同様にする。
HT99A	手動 ▷ 5 発酵 ▷ 65℃ ▷ 1時間（30分で取り出す）

③ 器に鮭を盛る。
　 内鍋のソースにパルメザンチーズを混ぜて鮭にかける。

材料［2人分］

まぐろ（刺身用、5mm角に切る）……2人分（150g）
A 長ねぎ（粗みじん切り）……大さじ1
　味つきザーサイ（粗みじん切り）……大さじ1
　塩、こしょう……各少々
　しょうゆ、ごま油……各小さじ1
　マヨネーズ……小さじ2
セロリ、にんじん（棒状に切る）……適量

作り方

① ボウルにまぐろ、Aを入れて混ぜ、
　クッキングシートにのせる。
② 内鍋に❶をクッキングシートごと入れてまぐろを広げ、
　本体にセットする。

手動 ▷ 発酵・低温調理をする ▷ 45℃ ▷ 40分		
HT24B	手動 ▷6 発酵にして同様にする。	
HT99B / HT16E	手動 ▷6 発酵にして同様にする。	
HT99A	手動 ▷5 発酵 ▷45℃ ▷1時間（40分で取り出す）	

③ ❷を混ぜて器に盛り、セロリ、にんじんを添える。

まぐろの中華ディップ

まぐろにザーサイや長ねぎを混ぜて、しっとりと火を通します。
ディップのように野菜につけてもいいし、ごはんやめんにのせてもおいしい。

かきのコンフィ、
砂肝のコンフィ

コンフィは、低温の油で肉や魚介をコトコト煮たもの。
ワインなどお酒のおともにぴったりです。
かきは中華風、砂肝は洋風仕上げ。
日持ちするので、多めに作っても。

☞ 作り方はP80

手作りツナ

かじきまぐろの切り身を、ハーブ入りの塩水で味つけ。
ふんわりとやわらかく、そのままでも、パンにはさんだり
パスタに合わせたりと、あれこれ使えて重宝します。

☞ 作り方はP80

かきのコンフィ

材料［4人分］

かき（加熱用）……250g
塩、こしょう……各少々
A ┤ オイスターソース……大さじ1
　 │ しょうが（薄切り）……3枚
　 └ ごま油……⅔カップ

作り方

① かきは
小麦粉大さじ1（分量外）で
もんで汚れを落とし、
洗って水気をふき、
塩、こしょうをふる。

② 内鍋に❶、Aを入れ、
本体にセットする。

手動 ▷ 発酵・低温調理をする
▷75℃ ▷30分

HT24B	手動 ▷6 発酵にして同様にする。
HT99B / HT16E	手動
	▷6 発酵にして同様にする。
HT99A	手動 ▷5 発酵 ▷65℃
	▷1時間（30分で取り出す）

砂肝のコンフィ

材料［4人分］

砂肝……250g（正味150g）
A ┤ 塩……小さじ½弱（2g）
　 └ こしょう……少々
B ┤ タイム……1枝
　 │ ローリエ……1枚
　 └ オリーブ油……½カップ

油ごと保存する

作り方

① 砂肝は銀皮から身を
そぎ取り(a)、Aをふる。

② 内鍋に❶、Bを入れ、
本体にセットする。

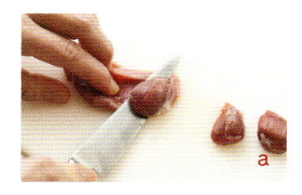

手動 ▷ 発酵・低温調理をする
▷75℃ ▷30分

HT24B	手動 ▷6 発酵にして同様にする。
HT99B / HT16E	手動
	▷6 発酵にして同様にする。
HT99A	手動 ▷5 発酵 ▷65℃
	▷1時間（30分で取り出す）

＊やわらかくなるまで火を通したい場合は3〜4時間加熱する。

かき、砂肝は油ごと保存びんや容器に入れて冷蔵庫で保存。3週間は保存可。

手作りツナ

材料［2人分］

かじきまぐろ……2切れ（300g）
A ┤ 水……2カップ
　 │ にんにく（縦半分に切る）……1かけ分
　 │ タイム……1枝
　 │ ローリエ……1枚
　 │ 塩……小さじ1
　 └ オリーブ油……大さじ1
トマト、モッツァレラチーズ……各適量
塩、粗びき黒こしょう、オリーブ油
　……各適量

作り方

① 内鍋にかじきまぐろ、混ぜ合わせたAを入れ、
本体にセットする。

手動 ▷ 発酵・低温調理をする
▷70℃ ▷30分

HT24B	手動 ▷6 発酵にして同様にする。
HT99B / HT16E	手動 ▷6 発酵にして同様にする。
HT99A	手動 ▷5 発酵 ▷65℃ ▷1時間（30分で取り出す）

② かじきまぐろを取り出し、汁気をふいて器に盛る。
トマト、モッツァレラチーズの輪切りを添え、
塩、こしょう、オリーブ油をかける。

煮汁ごと保存する

保存する場合は
煮汁ごと容器へ。
冷蔵庫で1週間。
汁気をふいて、
オリーブ油に漬ければ
3週間は保存可。

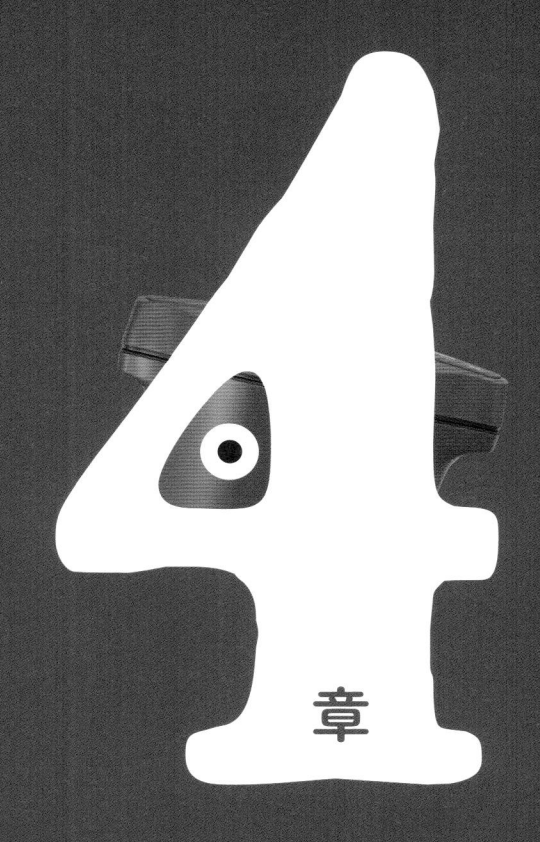

4章

パパッと作れる
野菜のシンプルおかず

「あともう一品ほしい」という時に役立つ、
おなじみの野菜を使ったスピードおかず。
ホットクックの自動キーと手動キーを使いこなせば、
お好みに合わせた野菜料理をすぐに作れます。
時短で作るゆで豆と、それを使ったサラダも紹介。
副菜にも、お弁当のおかずにも、酒の肴にも重宝します。

料理／夏目陽子

キャベツとツナのチーズ蒸し

パルメザンチーズで

ツナのコクがキャベツの甘みを
引き立てます。
隠し味に酢をきかせて。

粉チーズは、パルメザンチーズを削ったものにすると風味がアップ。

材料［2人分］

キャベツ（大きめのざく切り）……⅙個分（200g）
玉ねぎ（縦薄切り）……¼個分（50g）

A ┌ ツナ缶……小½缶（40g）
  │ 塩……小さじ¼
  │ 酢（あれば米酢）……小さじ1
  │ オリーブ油、白ワイン……各大さじ½
  └ 粉チーズ……大さじ2½

粗びき黒こしょう、仕上げ用粉チーズ……各少々

作り方

① 内鍋にキャベツ、玉ねぎ、
   Aを順に入れ、本体にセットする。

> **手動 ▷煮物を作る ▷まぜない ▷5分**
> **▷粉チーズをふる ▷延長2分**
>
> | HT24B | 手動▷煮物2-2（まぜない）にして同様にする。 |
> | HT99B / HT16E | 手動▷煮物2-2（まぜない）にして同様にする。 |
> | HT99A | 手動▷煮物1-2（まぜない）にして同様にする。 |

② 器に盛り、仕上げに
   粗びき黒こしょう、粉チーズをふる。

材料［2人分］

キャベツ（大きめのざく切り）……⅙個分（200g）
玉ねぎ（1cm幅のくし形切り）……¼個分（50g）
にんにく（薄切り）……2かけ分
レモン（国産・薄い半月切り）……½個分
ちりめんじゃこ……大さじ3

A ┌ オリーブ油……大さじ½
  │ 白ワイン……大さじ1
  └ ナンプラー……小さじ½

バター……大さじ1（10g）
粗びき黒こしょう……少々

作り方

① 内鍋にキャベツ、玉ねぎ、にんにく、Aを入れ、
   その上にちりめんじゃこ、レモン、バターの順にのせる。

> **手動 ▷煮物を作る ▷まぜない ▷7分**
>
> | HT24B | 手動▷煮物2-2（まぜない）▷7分 |
> | HT99B / HT16E | 手動▷煮物 2-2（まぜない）▷7分 |
> | HT99A | 手動▷煮物1-2（まぜない）▷7分 |

② 器に盛り、粗びき黒こしょうをふる。

キャベツとじゃこのレモン蒸し

じゃこが味つけになり、うまみもプラス。
レモンも一緒に食べて。

長いもとセロリの中華炒め

歯ごたえを残すため、加熱時間は短めで。
酸ラ子がアクセントに。

材料〔2〜3人分〕

長いも（薄い半月切り）……約⅓本分（150g）
セロリ（斜め薄切り）……1本分（120g）
味つきザーサイ（びん詰）……35g
にんにく（薄切り）……2かけ分
赤唐辛子（ヘタと種を除き、輪切り）……½本分
ごま油……大さじ½
酒……大さじ1
塩……ひとつまみ

作り方

① まぜ技ユニットを本体にセットする。
② 内鍋に赤唐辛子以外の材料を入れ、
　赤唐辛子を散らして本体にセットする。

手動 ▷ 炒める ▷ 2分

HT24B	手動 ▷ 煮物2-1（まぜる）▷ 3分	
HT99B / HT16E	手動 ▷ 煮物2-1（まぜる）▷ 3分	
HT99A	手動 ▷ 煮物1-1（まぜる）▷ 3分	

赤唐辛子は鍋肌に触れないようにする

赤唐辛子は下に入れると、高熱で激辛に。
鍋肌に直接触れないよう、最後に入れて。

ピーマンとちくわのオイスター炒め

ピーマンの定番おかず。
ごはんにも合う炒め物が、あっという間!

材料〔2人分〕

ピーマン（ヘタと種を取り、細切り）……6〜8個分（200g）
ちくわ（細切り）……2本分（100g）
しょうが（せん切り）……2かけ分
オイスターソース……小さじ1
しょうゆ……小さじ⅔
酒……大さじ½
ごま油……大さじ1

作り方

① まぜ技ユニットを本体にセットする。
② 内鍋にすべての材料を入れ、本体にセットする。

手動 ▷ 炒める ▷ 2分

HT24B	手動 ▷ 煮物2-1（まぜる）▷ 2分	
HT99B / HT16E	手動 ▷ 煮物 2-1（まぜる）▷ 2分	
HT99A	手動 ▷ 煮物1-1（まぜる）▷ 2分	

蒸し野菜のピリ辛ごまだれ

甘みが増して、
しっとりと蒸し上がった野菜に
ごまだれがぴったり。

材料［2人分］

かぶ（皮をむいてくし形切り）……2個分（160g）
かぼちゃ（一口大に切る）……½個分（100g）
オクラ（ガクの周囲をむく）……6本（70g）
豚肉（しゃぶしゃぶ用）……100g
A { 水……大さじ1
　{ 塩……ひとつまみ

《ごまだれ》
酢（あれば米酢）、しょうゆ、ごま油、すり白ごま……各大さじ1
砂糖……小さじ1
豆板醤（トーバンジャン）……小さじ½
しょうが（すりおろす）……1かけ分
＊ごまだれは多めにできるので、残りは冷蔵庫で保存し、豆腐などにかける。

作り方

① 内鍋に肉と野菜、Aを入れ、本体にセットする。

手動 ▷ 無水でゆでる ▷ 8分

HT24B	手動 ▷ 3 ゆで物 ▷ 8分
HT99B / HT16E	手動 ▷ 3 ゆで物 ▷ 8分
HT99A	手動 ▷ 3 野菜ゆで ▷ 8分

② 器に盛り、混ぜ合わせたごまだれ（適量）をかける。

バーニャカウダ風蒸し煮

材料［2人分］

ブロッコリー（小房に分け、半分に切る）……1個分（240g）
パプリカ（赤、乱切り）……½個分（80g）
にんにく（みじん切り）……大さじ½
アンチョビ（みじん切り）……大さじ½
赤唐辛子（ヘタと種を除く）……½本
塩……ひとつまみ
オリーブ油……大さじ2

作り方

① まぜ技ユニットを本体にセットする。
② 内鍋に赤唐辛子以外の材料を入れ、
　ざっと混ぜて赤唐辛子をのせる。本体にセットする。

メニュー ▷ カテゴリー ▷ ゆで物 ▷ ブロッコリー

HT24B	自動 ▷ ゆで物3-2
HT99B / HT16E	自動 ▷ ゆで物3-2
HT99A	自動 ▷ 野菜ゆで3-2

にんにくとアンチョビがからんで、
ブロッコリーがしゃれた一品に。

きのこのアーリオ・オーリオ

きのこのうまみが凝縮して濃厚な味わいに。
きのこの組み合わせはお好みで。

材料［2人分］

生しいたけ（石づきを除いて薄切り）……1パック分（100g）
しめじ（根元を除いてほぐす）……1パック分（100g）
にんにく（薄切り）……2かけ分
ローリエ……1枚
白ワイン、水……各大さじ2
酢（あれば米酢）……小さじ1
塩……ふたつまみ
オリーブ油……大さじ1½

作り方

① まぜ技ユニットを本体にセットする。
② 内鍋にすべての材料を入れ、
　 ざっと混ぜて本体にセットする。

> メニュー ▷ カテゴリー ▷ 煮物
> ▷ 佃煮・ソース ▷ きのこの佃煮
>
> | HT24B | 自動 ▷ 煮物2-17 |
> | HT99B / HT16E | 自動 ▷ 煮物2-17 |
> | HT99A | 自動 ▷ 煮物1-12 |

長ねぎとほたてのクリーム煮

ねぎの甘みがまろやかで絶妙！
生クリームは最後に加えると分離しません。

材料［2人分］

長ねぎ（縦半分に切って2cm長さに切る）……2本分（200g）
エリンギ（長さを半分に切って縦薄切り）……1パック分（100g）
ほたて缶詰……1缶（65g）
にんにく（みじん切り）……1かけ分
白ワイン……¼カップ
塩……小さじ¼
オリーブ油……大さじ½
生クリーム……½カップ

作り方

① まぜ技ユニットを本体にセットする。
② 内鍋に生クリーム以外の材料（ほたては缶汁ごと）入れ、
　 本体にセットする。

> メニュー ▷ カテゴリー ▷ 煮物 ▷ 野菜
> ▷ 白菜のクリーム煮 ▷ 生クリームを加える ▷ 延長5分
>
> | HT24B | 自動 ▷ カレー・スープ2-14にして同様にする |
> | HT99B / HT16E | 自動 ▷ カレー・スープ2-14にして同様にする |
> | HT99A | 自動 ▷ 煮物1-20にして同様にする |

③ 器に盛り、こしょう（分量外）をふる。

オイルサーディンがうまみになります。
レモンがきいたさっぱり味なので、おつまみにも。

簡単ホットサラダ

材料［2〜3人分］

カリフラワー（小房に分けて縦半分に切る）……200g
さやいんげん（ヘタを除き、4cm長さに切る）……6本分（60g）
ミニトマト（ヘタを取り、横半分に切る）……6個分
にんにく（みじん切り）……2かけ
オイルサーディン……50g
レモン汁……小さじ2
塩……小さじ¼
オリーブ油……大さじ½

作り方

① 内鍋にミニトマト以外の材料を入れ、
　上にミニトマトをのせ、本体にセットする。

手動 ▷ 無水でゆでる ▷ 8分

HT24B	手動 ▷ 3 ゆで物 ▷ 8分	
HT99B / HT16E	手動 ▷ 3 ゆで物 ▷ 8分	
HT99A	手動 ▷ 野菜ゆで3 ▷ 8分	

じゃがベーコンのバター蒸し

材料［2〜3人分］

じゃがいも（皮をむいて一口大に切る）……小2個分（250g）
ベーコン（塊、1cm角に切る）……40g
コーン（缶詰）……100g
しょうゆ……小さじ½
塩……ひとつまみ
バター……大さじ1強（15g）

作り方

① まぜ技ユニットを本体にセットする。
② 内鍋にすべての材料を入れ、本体にセットする。

**メニュー ▷ カテゴリー ▷ 煮物 ▷ 野菜
▷ パプリカとズッキーニのあえ物**

HT24B	自動 ▷ 煮物2-15
HT99B / HT16E	自動 ▷ 煮物 2-15
HT99A	手動 ▷ 煮物1-1（まぜる）▷ 3分

③ 器に盛り、粗びき黒こしょう（分量外）をふる。

バターのなじんだ
コーンが最高においしい一品。

カポナータ

材料［2〜3人分］

なす（1.5cm角に切る）……2本分（200g）
ズッキーニ（1.5cm角に切る）……½本分（120g）
玉ねぎ（1.5cm角に切る）……½個分（120g）
トマト（1.5cm角に切る）……1個分（120g）
オリーブ油……大さじ3
酢（あれば米酢）……小さじ2
塩……小さじ½

作り方

① まぜ技ユニットを本体にセットする。
② フライパンにオリーブ油を熱し、なすを入れて色づくまで焼きつける。
③ 内鍋に❷とすべての材料を入れ、ざっと混ぜる。

メニュー ▷ カテゴリー ▷ 煮物 ▷ 野菜 ▷ パプリカと
ズッキーニのあえ物 ▷（お好みで）手動 ▷ 煮詰める ▷ 1分

HT24B 自動 ▷ 煮物2-15
HT99B / HT16E 自動 ▷ 煮物 2-15
HT99A 手動 ▷ 煮物1-1（まぜる）▷ 3分

豚しゃぶと白菜のみぞれ煮

大根おろしに調味料を混ぜてから加熱すると、ムラなく味がなじみます。

材料〔2人分〕

白菜（ざく切り）……約⅛個分（200g）
豚肉（しゃぶしゃぶ用）……150g
大根おろし……150g
A ｛ 鶏ガラスープの素……小さじ1½
　　 しょうゆ……小さじ½
ごま油……大さじ½
粗びき黒こしょう……少々

作り方

① 大根おろしとAを混ぜる。

② 内鍋に白菜と豚肉を入れ、❶を上にのせる。

メニュー ▷ カテゴリー ▷ 煮物 ▷ 野菜
▷ 白菜と豚バラの重ね煮

HT24B	自動 ▷ 煮物2-4
HT99B / HT16E	自動 ▷ 煮物 2-4
HT99A	自動 ▷ 煮物 1-6

③ 器に盛り、ごま油をまわしかけ、こしょうをふる。

かぶの柚子こしょう煮

柚子こしょうは香りが残るように、
あとから加えて延長するのがコツ。

材料〔2人分〕

かぶ（皮をむいて8つ割り）……2個分（200g）
かぶの葉（1〜2cm長さに切る）……50g
豚バラ薄切り肉（3cm長さに切る）……80g

A｜水……½カップ
　｜鶏ガラスープの素……小さじ1
　｜しょうゆ……小さじ½

B｜ごま油……小さじ1
　｜柚子こしょう……小さじ⅔
　｜片栗粉……小さじ1
　｜水……小さじ2

作り方

① 内鍋にAと豚肉を入れてよくほぐし、
かぶを入れ、本体にセットする。

> 手動 ▷ 煮物を作る ▷ まぜない ▷ 10分
> ▷ よく混ぜたBとかぶの葉を加えて混ぜる
> ▷ 延長3分

HT24B	手動 ▷ 煮物2-2（まぜない）にして同様にする。
HT99B / HT16E	手動 ▷ 煮物2-2（まぜない）にして同様にする。
HT99A	手動 ▷ 煮物1-2（まぜない）にして同様にする。

かぼちゃのそぼろ煮

材料〔2〜3人分〕

かぼちゃ（種とワタを除いて一口大に切る）……250g
鶏ひき肉（もも）……100g

A｜だし汁……1カップ
　｜しょうゆ……大さじ1
　｜砂糖（あればきび砂糖）……小さじ1½

B｜しょうが（すりおろす）……小さじ1
　｜片栗粉……小さじ1½
　｜水……大さじ1

作り方

① 鍋に湯を沸かし、ひき肉を加えて
さっとほぐして湯を通し、ザルに上げる。
② 内鍋にA、かぼちゃ、❶の順に入れ、本体にセットする。

> メニュー ▷ カテゴリー ▷ 煮物 ▷ 野菜 ▷ かぼちゃの煮物
> ▷ よく混ぜたBを加えて、そっと混ぜる ▷ 延長3分

HT24B	自動 ▷ 煮物2-3にして同様にする。
HT99B / HT16E	自動 ▷ 煮物2-3にして同様にする。
HT99A	自動 ▷ 煮物1-2にして同様にする。

とろみをつけたそぼろ煮も簡単！
ひき肉を下ゆですると、澄んだ煮汁に。

ひき肉は下ゆでを

鶏ひき肉は熱湯で
さっとゆでておくと、
アクが抜けて
すっきりした味に
煮上がる。

だし汁で煮ると
青菜の風味が引き立ち、
シンプルな調味料でも
おいしい！

小松菜とえのきの煮びたし

材料〔2人分〕

小松菜（4cm長さに切る）……1束分（200g）
えのきたけ（根元を除いて半分に切り、ほぐす）……1袋分（100g）
だし汁……½カップ
しょうゆ……小さじ2
みりん……小さじ1

作り方

① まぜ技ユニットを本体にセットする。
② 内鍋にすべての材料を入れ、本体にセットする。

> **メニュー ▷ カテゴリー ▷ 煮物 ▷ 野菜**
> **▷ 小松菜とツナの煮物**
>
> | HT24B | 自動 ▷ 煮物2-15 |
> | HT99B / HT16E | 自動 ▷ 煮物 2-15 |
> | HT99A | 手動 ▷ 煮物1-1（まぜる）▷ 3分 |

枝豆ひじき煮

材料〔2人分〕

乾燥ひじき（水で戻し、ザルに上げて水気をきる）……10g
にんじん……⅓本（50g）
冷凍枝豆（流水をかけて戻し、さやから出す）……⅕袋分（100g）
だし汁……1カップ
しょうゆ、ごま油……各小さじ2
砂糖（あればきび砂糖）、みりん……各小さじ1½

作り方

① まぜ技ユニットを本体にセットする。
② 内鍋にすべての材料を入れ、本体にセットする。

> **メニュー ▷ カテゴリー ▷ 煮物**
> **▷ 乾物・こんにゃく ▷ ひじきの煮物**
>
> | HT24B | 自動 ▷ 煮物2-16 |
> | HT99B / HT16E | 自動 ▷ 煮物2-16 |
> | HT99A | 自動 ▷ 煮物1-3 |

定番のひじき煮に枝豆をプラス。
飽きのこない味で、お弁当にもおすすめ。

簡単チリコンカン

材料［4人分］

キドニービーンズ（ゆでたもの、下記参照）……150g

合いびき肉……250g

玉ねぎ（みじん切り）……大½個分（150g）

にんにく（みじん切り）……2かけ分

ローリエ……1枚

トマトピューレ……100g

チリパウダー……大さじ1

塩……小さじ⅔

オリーブ油……大さじ1½

作り方

① まぜ技ユニットを本体にセットする。

② 内鍋にキドニービーンズ以外の材料を入れ、
   混ぜてひき肉をほぐす。
   キドニービーンズを加え、本体にセットする。

メニュー ▷ カテゴリー ▷ 煮物 ▷ 豆 ▷ チリコンカン

HT24B	自動 ▷ 煮物2-9
HT99B / HT16E	自動 ▷ 煮物2-9
HT99A	自動 ▷ 煮物1-19

あれこれスパイスを使わなくても、
チリパウダーで本格的な味わいに。

香りの決め手はチリパウダー

チリパウダーは、赤唐辛子の粉に香味野菜などを
混ぜたブレンドスパイス。タコスなどのシーズニン
グで代用する時は、塩分が強いので調整を。

ひき肉はほぐしてから加熱

ひき肉はそのままだと
塊が残りやすいので、
よく混ぜてバラバラにし、
豆を加えて加熱する。

ごはんにのせて食べても
おいしい。一口大に切っ
たアボカドやミニトマトを
合わせ、こしょうをふって
香菜をのせる。

ごはんと合わせてブランチに

豆をゆでる

乾燥豆をゆでるのもホットクックなら簡単！
多めにゆでておけば、煮込みやスープ、
サラダに毎日活躍します。

材料［作りやすい分量］

白いんげん豆
（またはキドニービーンズ）
……200g

A ┌ 水……3カップ
  │ 塩……小さじ½
  └ ローリエ……1枚

作り方

① 豆は洗い、たっぷりの水（分量外）に
   一晩（約8時間）つけ、ザルに上げる。

② 内鍋に❶、Aを入れ、本体にセットする。

手動 ▷ 煮物（まぜない）▷ 30分

HT24B	手動 ▷ 煮物2-2（まぜない）▷ 30分
HT99B / HT16E	手動 ▷ 煮物2-2（まぜない）▷ 30分
HT99A	手動 ▷ 煮物1-2（まぜない）▷ 30分

③ 加熱が終わったら食べてみてかたさを確認し、
   かたい場合は延長で加熱する。
   ゆで汁につけたまま冷ます。

ゆでた豆を使って

お好みのかたさに豆をゆでたら、
まずはサラダを楽しんで。

豆と相性のいいツナのサラダは、
パセリの香りをきかせて。

ツナと豆のサラダ

材料［2人分］

キドニービーンズ（ゆでたもの、P91参照）……100g
ツナ缶……½缶
玉ねぎ（みじん切り）……¼個分（50g）
パセリ（粗みじん切り）……大さじ2
《ドレッシング》
酢（あれば米酢）……大さじ½
塩……ひとつまみ
こしょう……少々
オリーブ油……大さじ1½

作り方

① ドレッシングの材料をよく混ぜ合わせる。
② キドニービーンズは水気をふいてボウルに入れ、
　汁気をきったツナ、玉ねぎ、パセリ、❶を加えてあえる。

みょうがの香りがさわやか。
お酒のつまみにもなります。

豆ときゅうりの和風サラダ

材料［2人分］

白いんげん豆（ゆでたもの、P91参照）……100g
きゅうり（8mm角に切る）……1本分
玉ねぎ（粗みじん切り）……¼個強分（60g）
みょうが（縦半分に切り、斜め薄切り）……2個分
《ドレッシング》
酢（あれば米酢）……大さじ1
砂糖（あればきび砂糖）、しょうゆ……各小さじ1
塩……小さじ¼
オリーブ油……大さじ1

作り方

① ドレッシングの材料をよく混ぜる。
② 白いんげん豆は水気をふいてボウルに入れ、
　きゅうり、玉ねぎ、みょうが、❶を加えてあえる。

香ばしく炒めたれんこんの
歯ごたえがアクセントに。

豆とれんこんのチョップドサラダ

材料［2人分］

白いんげん豆（ゆでたもの、P91参照）……100g
れんこん（1cm角に切る）……小⅓節分（50g）
モッツァレラチーズ（1cm角に切る）……½個分（50g）
ミニトマト（ヘタを取り、4等分に切る）……4個分
バジル（ちぎる）……4枚分
A ┌ レモン汁……大さじ½
　├ 塩……ひとつまみ
　├ こしょう……少々
　└ オリーブ油……大さじ1

作り方

① フライパンにオリーブ油（分量外）を熱し、れんこんを
　 こんがりと炒めて粗熱を取り、冷やしておく。
② 白いんげん豆は水気をふいてボウルに入れ、
　 ❶、残りの材料、よく混ぜたAを加えてあえる。

マイルドなマヨ味のサラダ。
トーストしたパンにはさんでも。

豆とアボカドのサラダ

材料［2〜3人分］

キドニービーンズ（ゆでたもの、P91参照）……150g
えび（殻と尾を除き、背に切り込みを入れて背ワタを除く）
　　　……大5尾（100g）
アボカド（皮と種を除いて2cm角に切る）……1個分
レモン汁……大さじ½
A ┌ マヨネーズ……大さじ2
　└ 塩……小さじ¼

作り方

① えびは塩適量（分量外）をふってもみ、流水で洗う。
　 熱湯でゆで、ザルに上げて冷まし、3等分に切る。
② ボウルにアボカドを入れてレモン汁をからめる。
　 水気をふいたキドニービーンズ、
　 ❶、Aを加えてあえる。

ソースと同時調理のスピード

ソース作りと具の準備を同時に進めるのはあわただしいですが、
ホットクック独自の「まぜ技ユニット」を使えば、ソースはおまかせだから、ごちそうも簡単!

ミートソース

ひき肉と野菜たっぷりのおなじみのソース。
パスタはもちろん、ごはんにのせたり、
豆腐ステーキにかけたりと、
ボリュームおかずがパパッと作れます。

材料［でき上がり量約3½カップ (700g)］

合いびき肉……250g
玉ねぎ (みじん切り)……½個分 (100g)
にんじん (みじん切り)……⅕本分 (30g)
にんにく (みじん切り)……½かけ分
トマトソース (P100参照、または市販品)
　……約2カップ (400g)
洋風スープの素 (顆粒)……小さじ1
小麦粉……大さじ1
塩……小さじ⅔
こしょう、ナツメグパウダー……各少々

作り方

① まぜ技ユニットを本体にセットする。
② 内鍋にすべての材料を入れて混ぜ、
　本体にセットする。

> メニュー ▷ カテゴリー ▷ 煮物
> ▷ 佃煮・ソース ▷ ミートソース
>
> **HT24B** 自動 ▷ 煮物 2-9
> **HT99B / HT16E** 自動 ▷ 煮物 2-9
> **HT99A** 自動 ▷ 煮物 1-19

日持ち：冷蔵庫で約1週間

 ## じゃがいものニョッキ ミートソースあえ

材料［2人分］

じゃがいも……小2個 (250g)
A ┌ 強力粉……80g
　└ 塩、こしょう……各少々
ミートソース……約1¾カップ (350g)
B ┌ パルメザンチーズ (すりおろす)……大さじ1
　│ 塩、こしょう……各少々
　└ バター……大さじ1弱 (10g)
打ち粉用強力粉……適量

作り方

① じゃがいもは洗ってラップに包んで電子レンジ (600W)
　に5分かけ、熱いうちに皮をむいてつぶし、Aを加え
　てカードなどでざっと混ぜ、さらに手でこねる。
② 打ち粉をふって直径1.5cmの棒状にのばす。1.5cm長さ
　に切り、断面にフォークで筋模様をつけながら丸める。
③ たっぷりの湯で塩ゆでし、浮いてきたら1分ほどゆで
　る。鍋に取り出し、ミートソース、Bを混ぜて味をと
　とのえる。器に盛り、さらにパルメザンチーズ、こしょ
　う (各分量外)をふる。

蒸し野菜のみそミートソース添え

材料［2人分］

かぼちゃ……¼個 (300g)
キャベツ……⅙個 (200g)
さやいんげん……10〜12本 (80g)
A ┌ ミートソース……約½カップ (100g)
　└ 甜麺醤 (テンメンジャン)……小さじ2

作り方

① かぼちゃとキャベツはくし形に切り、いんげんはヘタと
　筋を除く。水にくぐらせ、耐熱容器に入れてふんわり
　とラップをし、電子レンジ (600W)に5分かける。
② 器に盛り、混ぜたAを添える。

メニュー

ミートソースがあれば、
本格イタリアンも時短で。

蒸した野菜につけるだけで一品に。
なすやズッキーニなどでも。

ホワイトソース

グラタンやクリーミーな煮込みの
ベースになるホワイトソース。
小麦粉とバターを練り混ぜてから
牛乳に加えることで、
なめらかに仕上がります。

材料[でき上がり量約2カップ(440g)]

A ┤ 小麦粉……30g
　├ バター(室温に戻す)……30g
　├ 塩……小さじ⅓
　└ こしょう……少々
牛乳……2カップ

作り方

① ボウルにAを入れて練り混ぜる。
② まぜ技ユニットを本体にセットする。
③ 内鍋に牛乳を入れ、❶をちぎって
　全体に散らし入れ、本体にセットする。

> メニュー ▷ カテゴリー ▷ 煮物
> ▷ 佃煮・ソース ▷ ホワイトソース
>
> | HT24B | 自動 ▷ お菓子 7-5 |
> | HT99B / HT16E | 自動 ▷ お菓子 7-5 |
> | HT99A | 自動 ▷ お菓子 6-6 |

日持ち:冷蔵庫で約3日間

 ## 白身魚のムニエル　ホワイトソースがけ

材料[2人分]

白身魚(舌平目など)……2切れ
塩、こしょう……各少々
小麦粉……適量
バター……大さじ2
A ┤ ホワイトソース……約½カップ(110g)
　└ ディル(葉を摘んで粗みじん切り)……1枝分

作り方

① 白身魚に塩、こしょうをふり、小麦粉を薄くまぶす。
② フライパンにバターを熱し、❶を並べて焼く。
　焼き色がついたら返し、
　バターの泡をかけながらこんがり焼く。
③ 器に混ぜたAを広げ、❷をのせる。

チキングラタン

材料[2人分]

鶏胸肉(3cm角に切る)……1枚分(200g)
エリンギ(3cm長さに切って4つ割り)……1本分(40g)
長ねぎ(3cm長さに切る)……1本分(100g)
ホワイトソース……約1¼カップ(270g)
塩、こしょう……各適量
バター……大さじ2
ピザ用チーズ……20g

作り方

① フライパンにバターを熱し、塩、こしょう各少々を
　まぶした鶏肉、エリンギ、ねぎを炒める。
　ホワイトソースを加えて混ぜ、塩、こしょう各少々を
　加えて味をととのえる。
② バター(分量外)を薄く塗った耐熱容器に❶を入れ、
　チーズを散らす。
　250℃に予熱したオーブンで、
　チーズがこんがりするまで約10分焼く。

鮭や鯛でも。
ソースに刻んだハーブを混ぜて
風味をアップします。

ソースがたちまち完成！
炒めた具材にかけて焼けば、
本格グラタンも簡単です。

カレーソース

 豚肉のソテー カレーソースがけ

野菜入りなので、肉や魚介を炒めて加え、
軽く煮るだけでカレーが完成。
焼いた肉や魚にかけてもおいしい。
内鍋にバターを塗ると、コクが出ます。

材料〔でき上がり量約1¾カップ（370g）〕

A ┌ 玉ねぎ（5mm角に切る）……¼個分（50g）
　├ にんじん（5mm角に切る）……⅕ 本分（30g）
　├ セロリ（5mm角に切る）……⅕ 本分（20g）
　├ りんご（芯を除き、5mm角に切る）……⅙個分（30g）
　└ しょうが（みじん切り）……少々
洋風スープの素（顆粒）……小さじ½
水……1カップ
カレールウ……45g
バター（室温に戻す）……大さじ1弱（10g）

作り方

① まぜ技ユニットを本体にセットする。
② 内鍋の底にバターを塗り、**A**を入れ、
　さらにスープの素、分量の水、カレールウの
　順に入れ、本体にセットする。

> メニュー ▷ カテゴリー ▷ **煮物**
> ▷ **佃煮・ソース** ▷ **ホワイトソース**
> **HT24B** 自動 ▷ お菓子 7-5
> **HT99B / HT16E** 自動 ▷ お菓子 7-5
> **HT99A** 自動 ▷ お菓子 6-6

日持ち：冷蔵庫で約1週間

豚肉のソテー カレーソースがけ

材料〔2人分〕

豚肩ロース肉（とんかつ用）……2枚（300g）
塩、こしょう……各少々
バター……大さじ1弱（10g）
白ワイン……大さじ2
カレーソース……適量
ミックスリーフ、ミニトマト……各適量

作り方

① 豚肉は筋切りをして半分に切り、塩、こしょうをふる。
② フライパンにバターを熱し、❶の両面をこんがり焼き、
　中まで火を通す。
　器に盛り、ミックスリーフとミニトマトを添える。
③ 肉を焼いたフライパンに白ワインを加え、
　鍋底のうまみをこそげ落とし、
　カレーソースを加えて温め、❷にかける。

シーフードカレー

材料〔2人分〕

A ┌ ほたて貝柱……4個
　├ えび（殻と尾を除き、背に切り込みを入れて背ワタを除く）……4尾
　└ いかの胴（輪切り）……小1ぱい分（100g）
塩、こしょう……各少々
オリーブ油……大さじ1
カレーソース……約1カップ（200g）
ごはん（温かいもの）……2皿分

作り方

① **A**に塩、こしょうをふる。
② フライパンにオリーブ油を熱し、
　❶をこんがりソテーする。
　カレーソースを加えて2分ほど煮る。
③ 器にごはんを盛り、❷をかける。

牛肉、鶏肉など好みの肉を焼いて
かけるだけで、ごちそう風に！

シーフードは冷凍ミックスを使っても。
ソースを加えたら、さっと煮て。

トマトソース

ソースとしてだけでなく、
ミートソースや煮込みに使ったりと、
料理のベースとしても使えます。
カットタイプの水煮缶なら、
つぶす手間が省けます。

材料〔でき上がり量約2カップ（400g）〕

トマトの水煮缶（カットタイプ）……1缶（400g）
にんにく（みじん切り）……½かけ分
玉ねぎ（みじん切り）……¼個分（50g）
塩……小さじ½
こしょう……少々
オリーブ油……大さじ1

作り方

① まぜ技ユニットを本体にセットする。
② 内鍋にすべての材料を入れて混ぜ、
　本体にセットする。

> **メニュー ▷ カテゴリー ▷ 煮物**
> **▷ 佃煮・ソース ▷ ホワイトソース**
>
> HT24B 自動 ▷ お菓子 7-5
> HT99B / HT16E 自動 ▷ お菓子 7-5
> HT99A 自動 ▷ お菓子 6-6
>
> 日持ち：冷蔵庫で約1週間

トマトソースのパスタ

材料〔2人分〕

スパゲッティ（直径1.5mm）……160g
グリーンアスパラガス……2本（40g）
オリーブ油……小さじ2
トマトソース……約1カップ（200g）
こしょう……各少々

作り方

① アスパラは皮に切り込みを入れ、
　斜めに5cm長さに切る。
② 熱湯に塩大さじ1（分量外）を加え、
　スパゲッティを袋の表示時間通りにゆで、
　ゆで上がる2分前にアスパラを入れる。
③ ❷の湯をきり、
　スパゲッティにはオリーブ油をからめて器に盛る。
　トマトソースをかけ、こしょうをふって
　アスパラを添える。

オムレツのトマトソース

材料〔2人分〕

卵……4個
塩、こしょう……各少々
牛乳……大さじ2
バター……大さじ1
トマトソース……約½カップ（100g）

作り方

① 1人分ずつ作る。
　卵2個に塩、こしょう、牛乳の半量を加えて
　よく溶きほぐす。
② フライパンにバター大さじ½を熱し、
　❶を流して底から大きく混ぜて、
　半熟になったら形を整えて器に盛り、
　トマトソースの半量をかける。
　残りも同様に作る。

まずは、王道のパスタを。
野菜はブロッコリーや
さやいんげんでも。

スクランブルエッグ、
目玉焼きにもおすすめ。
卵料理と相性抜群です。

肉みそ

みそ味ベースのシンプルな味つけなので、
豆板醤（トーバンジャン）を混ぜたり、香菜（シャンツァイ）、青じそ、
みょうがなどの香味野菜を混ぜたりして、
幅広くアレンジできます。

材料［でき上がり量約1カップ（200g）］

豚ひき肉……250g
長ねぎ（粗みじん切り）……大さじ1
しょうが（みじん切り）……小さじ1
赤みそ……大さじ2
しょうゆ、ごま油……各小さじ1
みりん、砂糖……各大さじ1

作り方

① まぜ技ユニットを本体にセットする。
② 内鍋にすべての材料を入れて
　しっかり混ぜ、本体にセットする。

> **メニュー ▷ カテゴリー ▷ 煮物**
> **▷ 佃煮・ソース ▷ 肉みそ**
>
> | HT24B | 自動 ▷ 煮物 2-19 |
> | HT99B / HT16E | 自動 ▷ 煮物 2-19 |
> | HT99A | 自動 ▷ 煮物 1-21 |
>
> 日持ち：冷蔵庫で約1週間

肉みそ混ぜごはん

材料［2人分］

卵……1個
A｛塩……少々
　みりん、砂糖……各小さじ1
肉みそ……約½カップ（100g）
ごはん（温かいもの）……茶碗2杯分

作り方

① 卵にAを加えて混ぜる。小鍋に入れて弱火にかけ、
　菜箸数本で混ぜながらいり卵を作る。
② ボウルにごはん、肉みそ、❶を入れて混ぜる。

肉みそのプリーツレタス包み

材料［2人分］

プリーツレタス……½株（150g）
肉みそ……約½カップ（100g）

作り方

① 器にプリーツレタスを盛り、肉みそを添える。
　レタスで肉みそを包みながら食べる。

ほかにサラダ菜やキャベツ、レタスでもおいしい。ミックスしても。

温かいごはんに混ぜるだけ。
いり卵を混ぜると彩りも味もアップ。

包んだり、のせたりして
肉みそをシンプルに味わって。
お酒のつまみにもぴったり。

香味だれ

ごま油をきかせた中華風。
香味野菜をごま油で加熱し、
しょうゆと酢を混ぜて、さっぱり味に。
生の野菜やゆでた野菜にかけたり、
あえたりしてもよく合います。

材料〔でき上がり量約1¼カップ（230g）〕

長ねぎ（粗みじん切り）……大さじ6
しょうが（みじん切り）……大さじ2
ごま油……大さじ4
A｛しょうゆ、酢……各大さじ4

作り方

① まぜ技ユニットを本体にセットする。
② 内鍋にA以外の材料を入れて混ぜ、
　本体にセットする。

メニュー ▷ カテゴリー ▷ 煮物
▷ 佃煮・ソース ▷ ホワイトソース
HT24B 自動 ▷ お菓子 7-5
HT99B / HT16E 自動 ▷ お菓子 7-5
HT99A 自動 ▷ お菓子 6-6

③ Aを加え混ぜる。

日持ち：冷蔵庫で約1週間

 ## ピータン豆腐

材料〔2人分〕

木綿豆腐……½丁（150g）
A｛ピータン（殻をむき1.5㎝角に切る）……1個分
　味つきザーサイ（粗みじん切り）……10g
　香味だれ……大さじ4（55g）
香菜……少々

作り方

① 豆腐はペーパータオルに包んで、
　重しをのせて20分ほどおき、水きりをする。
② 豆腐を手で粗くつぶし、Aとあえる。
　器に盛り、香菜を添える。

 ## 油淋鶏
ユーリンチー

材料〔2人分〕

鶏もも肉（3㎝角に切る）……1枚分（250g）
A｛酒、しょうゆ……各小さじ1
片栗粉……大さじ3
揚げ油……適量
香味だれ……大さじ4（55g）
香菜……少々

作り方

① 鶏肉にAをもみ込む。
② ❶に片栗粉をまぶし、
　180℃の揚げ油で5分ほど揚げる。
　器に盛り、香味だれをかけ、香菜を添える。

冷ややっこにピータンをプラスして、
さわやかな小鉢に。

鶏のから揚げにかけるだけで、
中華のごちそうが完成！

きのこのクリームソース

きのこたっぷりのクリームソース。
牛乳で仕上げるので軽い味わいです。
きのこと玉ねぎに粉とバターを混ぜてから、
牛乳に加えるとダマになりません。

材料〔でき上がり量約2カップ(400g)〕

エリンギ (8mm角に切る)……1本分
生マッシュルーム (8mm角に切る)……4個分 (40g)
玉ねぎ (8mm角に切る)……¼個分 (50g)
A ⎰ バター (室温に戻す)……大さじ1½強 (20g)
　 ⎱ 小麦粉……大さじ1½強 (15g)
　　 塩、こしょう……各少々
　　 洋風スープの素 (顆粒)
　　　……小さじ1
牛乳……1カップ

作り方

① きのこ、玉ねぎにAを加えてよく混ぜる。
② まぜ技ユニットを本体にセットする。
③ 内鍋に牛乳を入れて❶を散らすように入れ、
　 本体にセットする。

> メニュー ▷ カテゴリー ▷ 煮物
> ▷ 佃煮・ソース ▷ ホワイトソース
>
> **HT24B** 自動 ▷ お菓子 7-5
> **HT99B / HT16E** 自動 ▷ お菓子 7-5
> **HT99A** 自動 ▷ お菓子 6-6

日持ち:冷蔵庫で約3日間

きのこのクリームパスタ

材料〔2人分〕

ショートパスタ (ペンネ)……120g
きのこのクリームソース……約1¼カップ (250g)
塩、こしょう……各少々
イタリアンパセリ (粗みじん切り)……少々

作り方

① 熱湯に塩大さじ1 (分量外)を入れ、
　 ショートパスタを袋の表示時間通りにゆでる。
② 湯をきってクリームソースを加えてあえ、
　 塩、こしょうで味をととのえる。
　 器に盛り、イタリアンパセリを散らす。

きのこのシチュー　ポットパイ

材料〔2人分〕

ウインナーソーセージ (斜めに4等分に切る)……3本分
A ⎰ きのこのクリームソース……約1カップ (200g)
　 ⎱ 洋風スープの素 (顆粒)……小さじ1
　 ⎱ 湯……1カップ
　 ⎱ 塩、こしょう……各少々
バター……大さじ1弱 (10g)
冷凍パイシート (20cm四方)…2枚
溶き卵……1個分

作り方

① 鍋にバターを熱し、ソーセージを炒め、
　 Aを加えてさっと煮る。
　 冷まして、耐熱の器 (直径約13cm)に等分に注ぐ。
② パイ生地の縁に溶き卵を塗り、
　 卵を塗った面を内側にして❶にかぶせて器にはりつける。
　 表面にも溶き卵を塗り、220℃に予熱したオーブンで
　 パイ生地が膨らんでこんがりとするまで15分ほど焼く。

クリームソースには、
歯ごたえがある
ショートパスタがおすすめ。

サクサク焼けたパイを崩しながら、
シチューをからめて食べます。

無水調理と予約調理のメリット

無水調理

素材本来のおいしさと栄養をギュッと凝縮

食材に含まれる水分を活用する無水調理※1は、
野菜や肉、魚などの風味をしっかり引き出します。
しかも、通常の鍋で調理するより、野菜は甘くなり、
抗酸化作用のあるビタミンC、葉酸などの栄養素も多く残ります。

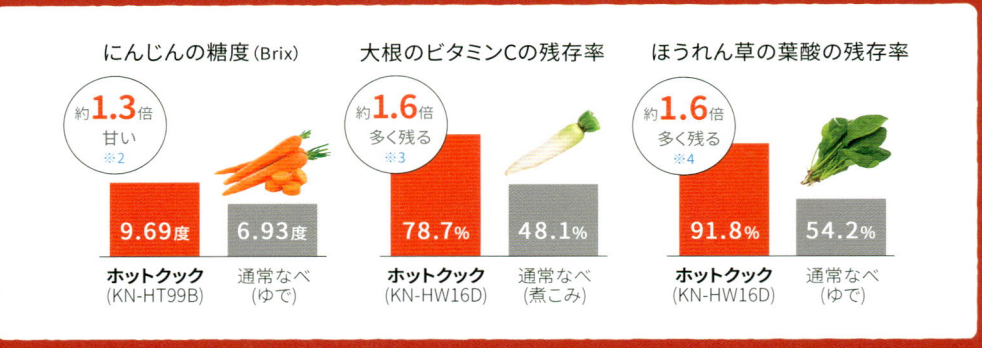

にんじんの糖度(Brix)
約1.3倍 甘い ※2
- ホットクック (KN-HT99B) 9.69度
- 通常なべ (ゆで) 6.93度

大根のビタミンCの残存率
約1.6倍 多く残る ※3
- ホットクック (KN-HW16D) 78.7%
- 通常なべ (煮こみ) 48.1%

ほうれん草の葉酸の残存率
約1.6倍 多く残る ※4
- ホットクック (KN-HW16D) 91.8%
- 通常なべ (ゆで) 54.2%

予約調理

メニューに合わせて温度を自動コントロール

予約調理では、食材が腐敗しない温度まで一気に加熱した後、
最大15時間※5まで適温をキープするから、生の食材も安心です。
きめ細かく温度調整してくれるので、焦げつくこともありません。

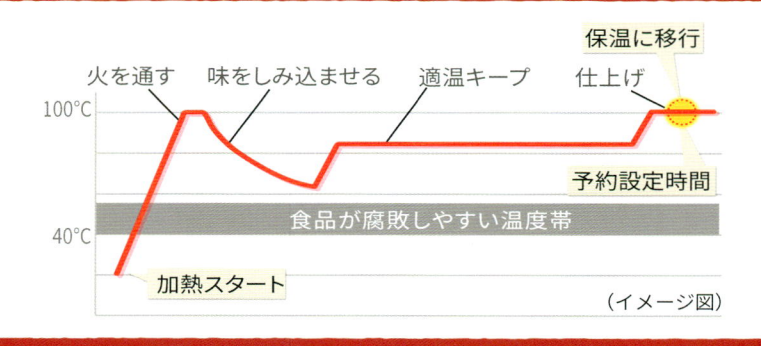

火を通す　味をしみ込ませる　適温キープ　仕上げ　保温に移行
100℃
予約設定時間
食品が腐敗しやすい温度帯
40℃
加熱スタート
(イメージ図)

主な材料別さくいん

肉

豚肉、豚肉の加工品
かぶの柚子こしょう煮（豚バラ薄切り肉）…89
きのこのシチュー　ポットパイ（ソーセージ）…106
キャベツとひき肉の重ね蒸し（ベーコン）…32
塩豚とれんこんのローズマリースープ（豚ロース塊肉）…42
塩豚肉じゃが（豚こま切れ肉）…24
じゃがベーコンのバター蒸し…86
白いんげん豆のポトフ（ソーセージ）…39
スタミナにんにく豚汁（豚バラ薄切り肉）…56
スペアリブのバルサミコ煮（豚スペアリブ）…71
台湾酸菜白肉風スープ（豚バラ薄切り肉）…51
台湾魯肉飯風煮込み（豚バラ塊肉）…12
煮豚（豚肩ロース塊肉）…70
豚しゃぶと白菜のみぞれ煮…88
豚肉のストロガノフスープ（豚バラ塊肉）…43
豚肉のソテー　カレーソースがけ（豚肩ロース肉）…98
ブロッコリーとベーコンのマスタードクリーム煮…14
ほうれん草とベーコンのマンハッタンチャウダー…40
ホットビシソワーズ（ベーコン）…38
蒸し野菜のピリ辛ごまだれ（豚しゃぶしゃぶ用）…84
レンズ豆とソーセージの煮込み…30
ローストポーク（豚肩ロース塊肉）…60
和風ミネストローネ（ベーコン）…36

鶏肉
押し麦のサムゲタン煮込み（鶏手羽元）…20
カオマンガイ（鶏もも肉）…22
カッチャトーラ（鶏もも肉）…31
シンプル筑前煮（鶏もも肉）…26
砂肝のコンフィ…78
手羽先と丸ごとレタスの花椒煮込み…17
鶏肉とあおさの梅ほうじ茶スープ（鶏もも肉）…55
鶏肉とズッキーニのカマンベールチーズスープ（鶏もも肉）…45
鶏の照り焼き（鶏もも肉）…64
チキングラタン（鶏胸肉）…96
チキンのトマト煮（鶏手羽元）…69
チキンハーブハム（鶏胸肉）…62
手羽先とかぶのナンプラースープ…48
手羽中とセロリの薬膳カレースープ…52
棒棒鶏（鶏もも肉）…65
無水トマトスープ（鶏もも肉）…44
油淋鶏（鶏もも肉）…104

牛肉、牛肉の加工品
あっさり肉豆腐（牛切り落とし肉）…25
牛カツ（牛肩ロースステーキ肉）…68
牛すじ肉と大根のチゲ煮…19
牛肉のプルコギ煮込み（牛切り落とし肉）…18
納豆ユッケジャン風スープ（牛カルビ薄切り肉）…53
ローストビーフ（牛肩ロースステーキ肉）…60

ひき肉
イタリア風肉だんご煮込み（豚ひき肉）…28
かぼちゃのそぼろ煮（鶏ひき肉）…89
簡単チリコンカン（合いびき肉）…91
キャベツとひき肉の重ね蒸し（合いびき肉）…32
じゃがいものニョッキ　ミートソースあえ（合いびき肉）…94
ジューシーハンバーグ（合いびき肉）…66
肉みそのプリーツレタス包み（豚ひき肉）…102
肉みそ混ぜごはん（豚ひき肉）…102
蒸し野菜のみそミートソース添え（合いびき肉）…94

羊肉
ラムチョップのハーブソテー…63

魚介、魚介の加工品
いかのねっとりカルパッチョ…72
押し麦のサムゲタン煮込み（干し貝柱）…20
かきのコンフィ…78
ガーリックシュリンプコンソメスープ（えび）…48
キャベツとじゃこのレモン蒸し…82
キャベツとツナのチーズ蒸し…82
鮭と明太子の博多風スープ…57
さっぱりぶり大根…27
サーモンのアクアパッツァ（生鮭、あさり）…33
サーモンのクリーム煮（生鮭）…76
さば缶とあさりのトマトブイヤベース…15
さんまとまいたけのごまみそ煮込み…16
シーフードカレー（えび、いか、ほたて）…98
シーフードとカリフラワーのシチュー（シーフードミックス）…29
じゃこといんげんの雑穀わさびスープ…54
白身魚のムニエル　ホワイトソースがけ…96
鯛と豆腐のしっとり煮…75
たこと里いものやわらか煮…74
ツナと豆のサラダ…92
手作りツナ（かじきまぐろ）…79
トムヤムクンがゆ（えび）…21
長ねぎとほたてのクリーム煮…85
ねっとりサーモン（生鮭）…72
ピーマンとちくわのオイスター炒め…83
ほうれん草とベーコンのマンハッタンチャウダー〔あさり〕…40
まぐろの中華ディップ…77
豆とアボカドのサラダ（えび）…93

野菜、野菜の加工品

オクラ
蒸し野菜のピリ辛ごまだれ…84

かぶ
かぶの柚子こしょう煮…89
手羽先とかぶのナンプラースープ…48
蒸し野菜のピリ辛ごまだれ…84

かぼちゃ
かぼちゃのそぼろ煮…89
パンプキンレモン麹スープ…46
ベジタブルブロススープ…47
蒸し野菜のピリ辛ごまだれ…84
蒸し野菜のみそミートソース添え…94

カリフラワー
簡単ホットサラダ…86
シーフードとカリフラワーのシチュー…29

キャベツ
キャベツとじゃこのレモン蒸し…82
キャベツとツナのチーズ蒸し…82
キャベツとひき肉の重ね蒸し…32
牛カツ…68
蒸し野菜のみそミートソース添え…94
ベジタブルブロススープ…47

きゅうり
ツナと豆のサラダ…92
棒棒鶏…65

グリーンアスパラガス
トマトソースのパスタ…100

クレソン
ローストビーフ…60

小松菜
小松菜とえのきの煮びたし…90

ごぼう
スタミナにんにく豚汁…56
ベジタブルブロススープ…47
和風ミネストローネ…36

コーン
じゃがベーコンのバター蒸し…86

里いも
たこと里いものやわらか煮…74

さやいんげん
簡単ホットサラダ…86
塩豚肉じゃが…24
じゃこといんげんの雑穀わさびスープ…54
蒸し野菜のみそミートソース添え…94

じゃがいも
イタリア風肉だんご煮込み…28
塩豚肉じゃが…24
じゃがベーコンのバター蒸し…86
ほうれん草とベーコンのマンハッタンチャウダー…40
ホットビシソワーズ…38
ラムチョップのハーブソテー…63

香菜
カオマンガイ…22
トムヤムクンがゆ…21
ピータン豆腐…104

ズッキーニ
イタリア風肉だんご煮込み…28
カポナータ…87
白いんげん豆のポトフ…39
鶏肉とズッキーニのカマンベールチーズスープ…45

セロリ
さば缶とあさりのトマトブイヤベース…15
手羽中とセロリの薬膳カレースープ…52
長いもとセロリの中華炒め…83
豚肉のソテー　カレーソースがけ…98
ベジタブルブロススープ…47
ホットビシソワーズ…38
まぐろの中華ディップ…77
無水トマトスープ…44

大根
牛すじ肉と大根のチゲ煮…19
さっぱりぶり大根…27
じゃこといんげんの雑穀わさびスープ…54
納豆ユッケジャン風スープ…53
豚しゃぶと白菜のみぞれ煮…88

たけのこ
鯛と豆腐のしっとり煮…75

玉ねぎ
イタリア風肉だんご煮込み…28
カッチャトーラ…31
カポナータ…87
ガーリックシュリンプコンソメスープ…48
簡単チリコンカン…91
きのこのクリームパスタ…106
きのこのシチュー　ポットパイ…106
キャベツとじゃこのレモン蒸し…82
キャベツとツナのチーズ蒸し…82
塩豚肉じゃが…24
シーフードカレー…98
シーフードとカリフラワーのシチュー…29
じゃがいものニョッキ　ミートソースあえ…94
じゃこといんげんの雑穀わさびスープ…54
ジューシーハンバーグ…66
白いんげん豆のポトフ…39
スペアリブのバルサミコ煮…71
ツナと豆のサラダ…92
鶏肉とズッキーニのカマンベールチーズスープ…45
パンプキンレモン麹スープ…46
豚肉のストロガノフスープ…43
豚肉のソテー　カレーソースがけ…98
ブロッコリーとベーコンのマスタードクリーム煮…14
ベジタブルブロススープ…47
ほうれん草とベーコンのマンハッタンチャウダー…40
豆ときゅうりの和風サラダ…92
蒸し野菜のみそミートソース添え…94
無水トマトスープ…44
レンズ豆とソーセージの煮込み…30
ローストビーフ…60
和風ミネストローネ…36

トマトの水煮、トマトソースなど
イタリア風肉だんご煮込み…28
オムレツのトマトソース…100
カッチャトーラ…31
簡単チリコンカン…91
キャベツとひき肉の重ね蒸し…32
さば缶とあさりのトマトブイヤベース…15
じゃがいものニョッキ　ミートソースあえ…94
チキンのトマト煮…69
トマトソースのパスタ…100
豚肉のストロガノフスープ…43
ブロッコリーとベーコンのマスタードクリーム煮…14
ほうれん草とベーコンのマンハッタンチャウダー…40
蒸し野菜のみそミートソース添え…94
和風ミネストローネ…36

長いも
長いもとセロリの中華炒め…83

長ねぎ
あっさり肉豆腐…25
押し麦のサムゲタン煮込み…20
チキングラタン…96
鶏の照り焼き…64
長ねぎとほたてのクリーム煮…85
煮豚…70
ピータン豆腐…104
ホットビシソワーズ…38
まぐろの中華ディップ…77
油淋鶏…104

なす
カポナータ…87

にら
牛肉のプルコギ煮込み…18
手羽中とセロリの薬膳カレースープ…52

にんじん
枝豆ひじき煮…90
牛肉のプルコギ煮込み…18
白いんげん豆のポトフ…39
シンプル筑前煮…26
スタミナにんにく豚汁…56
豚肉のソテー　カレーソースがけ…98
ベジタブルブロススープ…47
まぐろの中華ディップ…77
和風ミネストローネ…36

白菜
鮭と明太子の博多風スープ…57
台湾酸菜白肉風スープ…51
豚しゃぶと白菜のみぞれ煮…88

白菜キムチ
牛すじ肉と大根のチゲ煮…19
納豆ユッケジャン風スープ…53

パセリ
ガーリックシュリンプコンソメスープ…48
ツナと豆のサラダ…92
ホットビシソワーズ…38

パプリカ
スペアリブのバルサミコ煮…71
バーニャカウダ風蒸し煮…84
冷凍のことパプリカの黒酢スープ…50

ピーマン
ピーマンとちくわのオイスター炒め…83

プリーツレタス、レタス
肉みそのプリーツレタス包み…102
手羽先と丸ごとレタスの花椒煮込み…17

ブロッコリー
ジューシーハンバーグ…66
バーニャカウダ風蒸し煮…84
ブロッコリーとベーコンのマスタードクリーム煮…14

ほうれん草
ほうれん草とベーコンのマンハッタンチャウダー…40

水菜
わかめと水菜のチキンスープ…22

ミックスリーフ

豚肉のソテー　カレーソースがけ…98

ミニトマト、トマト
いかのねっとりカルパッチョ…72
カポナータ…87
簡単ホットサラダ…86
サーモンのアクアパッツァ…33
手作りツナ…79
豚肉のソテー　カレーソースがけ…98
豆とれんこんのチョップドサラダ…93
無水トマトスープ…44

みょうが
豆ときゅうりの和風サラダ…92

もやし
納豆ユッケジャン風スープ…53
棒棒鶏…65

れんこん
塩豚とれんこんのローズマリースープ…42
豆とれんこんのチョップドサラダ…93
シンプル筑前煮…26
手羽先と丸ごとレタスの花椒煮込み…17

きのこ

えのきたけ
小松菜とえのきの煮びたし…90
台湾酸菜白肉風スープ…51
冷凍きのことパプリカの黒酢スープ…50

エリンギ
きのこのクリームパスタ…106
きのこのシチュー　ポットパイ…106
チキングラタン…96
長ねぎとほたてのクリーム煮…85

しいたけ
きのこのアーリオ・オーリオ…85
牛肉のプルコギ煮込み…18
シンプル筑前煮…26
台湾酸菜白肉風スープ…51
台湾魯肉飯風煮込み…12
鶏の照り焼き…64

しめじ
きのこのアーリオ・オーリオ…85
シーフードとカリフラワーのシチュー…29
チキンのトマト煮…69
冷凍きのことパプリカの黒酢スープ…50
レンズ豆とソーセージの煮込み…30

マッシュルーム
カッチャトーラ…31
きのこのクリームパスタ…106
きのこのシチュー　ポットパイ…106
サーモンのクリーム煮…76

まいたけ
さんまとまいたけのごまみそ煮込み…16
冷凍きのことパプリカの黒酢スープ…50

豆類

キドニービーンズ
簡単チリコンカン…91
ツナと豆のサラダ…92
豆とアボカドのサラダ…93

白いんげん豆
白いんげん豆のポトフ…39
豆ときゅうりの和風サラダ…92
豆とれんこんのチョップドサラダ…93
納豆ユッケジャン風スープ…53

その他
枝豆ひじき煮…90
ブロッコリーとベーコンのマスタードクリーム煮（大豆）…14
レンズ豆とソーセージの煮込み…30
ローストポーク（ミックスビーンズ）…60

豆腐

あっさり肉豆腐…25
鯛と豆腐のしっとり煮…75
ピータン豆腐…104

卵、乳、乳製品

卵
オムレツのトマトソース…100
台湾魯肉飯風煮込み…12
肉みそ混ぜごはん…102
ピータン豆腐…104

牛乳、生クリーム
きのこのクリームパスタ…106
きのこのシチュー　ポットパイ…106
サーモンのクリーム煮…76
シーフードとカリフラワーのシチュー…29
白身魚のムニエル　ホワイトソースがけ…96
チキングラタン…96
豚肉のストロガノフスープ…43
長ねぎとほたてのクリーム煮…85
パンプキンレモン麹スープ…46
ほうれん草とベーコンのマンハッタンチャウダー…40
ホットビシソワーズ…38

チーズ
キャベツとツナのチーズ蒸し…82
サーモンのクリーム煮…76
じゃがいものニョッキ　ミートソースあえ…94
チキングラタン…96
手作りツナ…79
鶏肉とズッキーニのカマンベールチーズスープ…45
豆とれんこんのチョップドサラダ…93

海藻

枝豆ひじき煮…90
鶏肉とあおさの梅ほうじ茶スープ…55
わかめと水菜のチキンスープ…22

ごはん

カオマンガイ…22
シーフードカレー…98
台湾魯肉飯風煮込み…12
トムヤムクンがゆ…21
肉みそ混ぜごはん…102

めん、雑穀

押し麦のサムゲタン煮込み…20
じゃこといんげんの雑穀わさびスープ…54
トマトソースのパスタ…100

果物、果物の加工品

塩豚とれんこんのローズマリースープ（オリーブ）…42
鶏肉とあおさの梅ほうじ茶スープ…55
ねっとりサーモン（ケイパー）…72
豆とアボカドのサラダ…93

エダジュン

【担当】1章　ほっとくだけのおいしい煮物・煮込み（12〜23ページ）、
　　　　2章　うまみと栄養たっぷりのおかずスープ

パクチー料理研究家・管理栄養士。株式会社スマイルズに入社し、SoupStockTokyoの本社業務に携わった後、2013年に独立。家で作れるエスニック料理とパクチーレシピを日々研究中。自由な発想の手軽なレシピが人気で、"パクチーボーイ"名義でも活動している。近著『アジア料理をカレーにしたら？』（文化出版局）など、著書多数。

夏目陽子（なつめ ようこ）

【担当】1章　ほっとくだけのおいしい煮物・煮込み（24〜34ページ）、
　　　　4章　パパッと作れる野菜のシンプルおかず

企業での商品企画などに携わった後、イタリアの郷土料理に憧れて留学し、イタリア料理を学ぶ。2012年からフードコーディネーターとして人気女性誌などで活躍。2013年から自宅でイタリア料理、家庭料理の教室をスタートし、人気を博す。現在も、毎年イタリアを訪れて研鑽を重ねている。"センス抜群で手軽な家庭料理"が注目される期待の新鋭。

川上文代（かわかみ ふみよ）

【担当】3章　カンタン低温調理で肉、魚のごちそう、
　　　　　　　ソースと同時調理のスピードメニュー

料理研究家。辻調理師専門学校に勤務後、「デリス・ド・キュイエール 川上文代料理教室」を開設。テレビや雑誌等へのレシピ提供で幅広く活躍し、フレンチ、イタリアン、パティスリー、家庭料理など、幅広いジャンルの提案と技術力に定評がある。家庭向けのごちそう料理は得意分野。『低温真空調理のレシピ』（グラフィック社）など、著書多数。

ラクにおいしく無水調理！
はじめての「ホットクック」レシピ

発　行　日　2019年9月30日　初版第1刷発行
　　　　　　2019年12月20日　　　　第3刷発行

発　行　者　竹間 勉
発　　　行　株式会社世界文化社
　　　　　　〒102-8187　東京都千代田区九段北4-2-29
　　　　　　☎ 03-3262-5118（編集部）
　　　　　　☎ 03-3262-5115（販売部）

印刷・製本　株式会社リーブルテック
DTP製作　　株式会社明昌堂

協力 ⋯⋯⋯⋯⋯ シャープ株式会社
　　　　　　〒590-8522
　　　　　　大阪府堺市堺区匠町1番地
　　　　　　お客様相談窓口
　　　　　　📞 0120-078-178
　　　　　　https://jp.sharp/
器協力 ⋯⋯⋯⋯ UTUWA　☎ 03-6447-0070

アートディレクション ⋯⋯⋯⋯⋯ 藤田康平（Barber）
デザイン ⋯⋯⋯⋯⋯⋯⋯⋯⋯ 藤田康平（Barber）
撮影 ⋯⋯⋯⋯⋯⋯⋯⋯⋯⋯ 西山航（世界文化社）
スタイリング ⋯⋯⋯⋯⋯⋯⋯⋯ 坂上嘉代
校正 ⋯⋯⋯⋯⋯⋯⋯⋯⋯⋯ 株式会社円水社
構成・編集 ⋯⋯⋯⋯⋯⋯⋯⋯ 相沢ひろみ
編集部 ⋯⋯⋯⋯⋯⋯⋯⋯⋯⋯ 石川奈都子